デジタル
アイデンティティー

経営者が知らない
サイバービジネスの核心

Digital IDentity

The essence of
cyber business
that management
does not know

OpenID Foundation 理事長
崎村夏彦

日経BP

目次

目次

目次

はじめに

GAFAMが新大陸の覇者になり得た理由

Google、Apple、Facebook、Amazonの米国4大Tech企業を指す「GAFA」という言葉が最初に使われ始めたのは2012年、フランスが発祥といわれています※。2014年には英語圏でもいわれるようになり、徐々に日本でも使われるようになってきました。今ではすっかり定着し、報道機関が「GAFA規制」などと報じたり、書店では「GAFA」という言葉を使った本を何冊も見つけたりすることができます。「GAFA」は、後にMicrosoftも加えて「GAFAM」と呼ばれるようになります。

※https://qz.com/303947/us-cultural-imperialism-has-a-new-name-gafa/

GAFAMが注目を集める大きな要因は、私たちの日常生活がインターネットを中心に回るようになってきたからです。ネットニュースを読んだり、YouTubeで動画を見たり、Amazonで買い物をしたり、SNS（ソーシャル・ネットワーキング・サービス）で友達とコミュニケーションを取ったりと、人によっては1日の大半の時間をインターネットと関わっています。インターネットはサイバー空間ともいわれますが、インターネットに依存した生活を送っている状況は、7つの大陸に続いて発見された新大陸に移住したようなものです。この新大陸のことを「第八大陸」、または「サイバー大陸」と呼んでいます。この第八大陸の覇者がGAFAMなのです。第八大陸ではそれ以前の秩序を壊し、新たな秩序を構築しようとする挑戦者がいます。GAFAMはそうした挑戦者のトップランナーであるからこそ、ここまでの注目を浴びていると言えましょう。

GAFAMは第八大陸の覇者と書きましたが、インターネット上でサービスを提供している企業は無数にあります。そうした中で、GAFAMはなぜ覇者になれたのでしょうか。その問いに対する答えが、本書のテーマである「デジタルアイデンティティー」です。GAFAMはデジタルアイデンティティーを中核にした「アイデンティティー中心アプローチ」を採用しました。対比的に言えば、他の多くの企業が採用しているのは、インターネット上の便利なサービスを中核にした「アプリケーション中心アプローチ」です。この違いが決定的な差を生み出したのです。

さらに言えば、デジタルアイデンティティーはサイバービジネスの「本質」であり、これを正しく理解せずにインターネットのビジネス活用など本来あり得ません。でも実際は正しく本質を理解している企業は少なく、本質を理解していないが故に事件・事故が起きる頻度が高まっています。実は本書は、国内で頻発するインターネットビジネスの事件・事故がきっかけになっています。日本では大手企業がビジネスでインターネットを活用するようになりましたが、参入企業数に比例して事件・事故も多くなっています。事件・事故の各種報道を基にその根本原因を探ったところ、経営者がサイバービジネスの本質を理解していないことに行き着き、それが本書を書く動機付けになったのです。

「デジタルアイデンティティーとは何か」については本書で詳しく解説しますが、まず経営の視点で捉えれば、その重要性を理解することは難しくありません。そもそも経営とは、経営に関わる資源（顧客、従業員、工場のライン、在庫、販売店など）を識別し、効率的に運用するとともに、付随するリスクを許容レベルに抑えることです。以前はこうした資源管理を紙の台帳や人の頭の中で行っていましたが、1990年代半ばに始まった第4次産業革命※によって、インターネットに接続されたコンピューターで自動化するようになったのです。そのためには、資源（リソース）を識別（Identify）し、コンピューターシステム（＝デジタル、Digital）で扱えるようにします。つまり、経営に関わる資源を「デジタルアイデンティティー（Digital Identity）」として表現することが必要なのです。デジタルアイデンティティーの管理無くして第4次産業革命以降の経営は成り立たなくなってしまったのです。このことをいち早く理解したのがGAFAMであり、だからこそサイバー大陸の覇者になれたのです。

※ インターネット・PC・IoT・AIなどに代表される産業の変革を指します。第１次産業革命の代表は石炭火力・蒸気機関・銑鉄、第２次産業革命は石油・電気・鋼鉄、第３次産業革命は半導体・PLC（Programmable Logic Controller）による自動化・合成樹脂など

日本では「デジタルアイデンティティー管理（本書では単に「アイデンティティー管理」と記す）」のことを「ID管理」と略し、「ユーザーIDとパスワードなどによるユーザー認証を行うこと」というように矮小化して理解している人が少なくありません。だからこそ、第4次産業革命での競争に勝てないのです。競争力を左右する経営資源の効率的運用は手付かずとなり、結果、1人当たりの生産性は先進国で最低、今や、先進国から発展途上国に転落する史上2つ目の国※になると目されるようになってしまいました。発展するわけではないので、発展途上国でもなく、むしろ後ろに進む「後進国」「後退国」だと揶揄する向きもあります。

※１つ目の国はアルゼンチン

本書はサイバービジネスの本質を正しく理解し、現在進行中の第4次産業革命のビジネスにおいて、日本企業の競争力を高めるためにあります。読了したとき、「なぜアイデンティティー管理をしなければならないのか」「アイデンティティー管理とは何をすることなのか」「どうすれば自社ビジネスに応用できるのか」についての理解が得られます。世界はどんどんと先に進んでいます。もしこの後、5年もこの状態が続けばもはや手遅れです。今ならギリギリ間に合います。まさに「いつやるの？　今でしょ」なのです。

本書の想定読者は経営者と技術者

本書の想定読者は「経営者（CEO、CIO、CTO、CMO）と技術者」です。サイバービジネスの本質を経営者に理解していただくのが一番の目的で、技術的詳細に立ち入る箇所以外は、技術者だけでなく経営者にも理解してほしいのです。その理解が日本企業の競争力を高め、ひいては日本の国力を高めると信じています。

経営者にとっての本書の意義

サイバービジネスを実践する経営者にとって重要なのは「アカウンタビリティー」（Accountability、日本語では「責任」※）を確保することです。アカウンタビリティーとは、(1) 自社サービスはどのような仕組みで提供しており、何かが起きたとき、それを正しく説明でき、(2) 第三者による検証を可能にし、(3) もし説明が間違っていた場合には、「現状が把握できていなかった」として責任を取るという3点が実現されるようにすることです。アカウンタビリティーを確保するには、情報システムとしてどのように表現し、経営資源をどう管理しているかを理解していなければなりません。そのためには、実際のシステムで実現するに当たっての要件形成能力と、リスクを評価する能力が不可欠です。

※「説明責任」と訳されることが多いですが、説明をする責任ではありません

こうした能力を得るのに、本書は大いに役立ちます。本書は途中、やや技術的詳細に立ち入るところ(2-2-2　認証済みアイデンティティーの情報システム的表現)もありますので、そこは飛ばして読んでいただいて構いません。逆に言うと、技術的に見えたとしても、2-2-2以外は、サイバービジネスを実践する現代の経営者は理解しておく必要があるということです。

本書を読み込んでデジタルアイデンティティーをきちんと身に付けることにより、現代的経営に必要な資源の効率的運用とリスク管理の基礎が身に付きます。また、アカウンタビリティーを発揮しなければいけない時にも立ち往生しなくなるはずです。

技術者にとっての本書の価値

本書には「OpenID」「OAuth」など、デジタルアイデンティティーに関係するプロトコルなどが多数登場します。ただ、それらのプロトコルの実装とか、具体的なサービスの使い方は本書の対象外です。ハウツー的な情報はインターネットにあふれていますので、そちらを参照してください。本書では、各種プロトコルの理論的背景や歴史的経緯を解説しています。ハウツー的な情報は時間の経過とともに変わっていきますが、理論的背景や歴史的経緯は時間がたっても変わることはなく、対象となる技術を理解するのに役立ちます。

技術者は、経営者が指示した要件では不足している部分があればそれを指

摘し、より適切な提案になるように補足することが必要です。経営者は正しくデジタルアイデンティティーを理解する必要がありますが、技術者は正しいのはもちろん、実装する際、詳細に立ち入れるほどデジタルアイデンティティーを理解する必要があります。この本を理解した時には、デジタルアイデンティティー管理のアーキテクトとしての第一歩を踏み出せるようになるでしょう。

本書の概要

本書は9つの章からなっています。

第1章　GAFAの中心戦略「デジタルアイデンティティー」

第1章では、GAFAに代表されるプラットフォーマーがその中心戦略になぜ「デジタルアイデンティティー」を置いているのか、一般の企業がアイデンティティー管理を行う理由は何かを説明します。第1章は「アイデンティティー管理フレームワーク」のイントロダクションという位置付けです。

第2章　アイデンティティー管理

「アイデンティティー管理」を説明する章です。まず、エンティティーやアイデンティティー、クレデンシャルといったよく使う用語を定義した後で、「エンティティー認証」と「アイデンティティーのライフサイクル」を説明した上で、認証方式について詳細を解説します。

第3章　アイデンティティー連携フレームワーク「OpenID Connect」

管理されたアイデンティティーを他のサービスやアプリケーションで使えるようにするアイデンティティ連携フレームワークの具現化として、現在主流の「OpenID Connect」を丁寧に説明します。

第4章　アイデンティティー管理によって可能になる「アクセス制御」

サイバービジネスの本質はデジタルアイデンティティーですが、アイデンティティー管理そのものが価値を生むわけではありません。アイデンティティー管理の主な目的としてまず挙げられるのが、情報システム内のリソース（資源）へのアクセス制御です。第4次産業革命のまっただ中にいる企業にとって、デジタル化された経営資源の効率的活用は不可欠です。その貴重な資源は誰もが利用できてよいものではありません。これは、アフターコロナで重要になったリモートワークの効率的実現にも密接に関係があります。第4章では、こうした資源に対してどのようにアクセス制御がモデル化されるべきかというアクセス管理モデルについて解説します。さらに、アクセス管理の失敗事例として、Facebookの「アクセストークン漏洩事件」についても解説します。

第5章　企業にとってのアイデンティティー管理

サイバービジネスを実践する企業は、自社で「主体的にアイデンティティー管理」を実現することが重要になります。第5章では、どのような実装パターンがあり、陥りがちな落とし穴にはどのようなものがあるかを説明します。サイバービジネスを実践していると、事故は必ず起きます。起きるか起きないかではなく、いつ起きるか、どれだけ深刻なものが起きるかという問題なのです。そして実際に事故が起きたとき、経営者は説明責任があります。その際、マスコミにボコボコにされないための基礎知識が第5章には詰まっています。経営者・管理職必携の知識です。

第6章　高度化するアイデンティティー管理

リスト型攻撃などの増加に伴い、「２段階認証」がしばしば話題に上がるようになりました。これは「アイデンティティー管理の高度化」と言えます。こうした高度化を実現するには、大まかに分けて3種類の認証高度化を同時に行う必要があります。第6章では、3つの高度認証化を説明するとともに、それぞれの現状と課題について解説します。

第7章　プライバシー保護とアイデンティティー管理

認証を含むデジタルアイデンティティーを語るとき、外して考えることのできない側面に「プライバシー」があります。これは、アイデンティティーの対象が人である場合、その属性の集合たるアイデンティティーは取りも直さず「パーソナルデータ」だからです。

プライバシー保護に関して言えば、2011年に世界経済フォーラムが『パーソナルデータ：あらたな資産カテゴリーの出現（原題Personal Data: The Emergence of a New Asset Class）』という報告書を発行し、ダボス会議の議題としました（筆者は、この報告書にクレジットされているエキスパートの一人です）。それ以来、この報告書を基にした「パーソナルデータは21世紀の石油である」という言葉が様々なところで取り上げられるようになったのですが、「パーソナルデータは金の成る木」のように誤解され、揚げ句の果てには「プライバシー保護はビジネスの邪魔をする存在」とまでいわれることもありました。これは、全くの誤解です。

この状況を変えたのは、2018年に施行されたGDPR（欧州一般データ保護規則）です。年間の総売り上げの4%にもなる罰金を目の前にして、酔い狂っていた欧米の企業はようやく目が覚め、2019年に入ってからは米国で「プライバシー保護が金になる」といわれるようになってきました。顧客の信頼を勝ち得て、顧客と共に栄えるのがビジネスの常道ですから、プライバシー保護が重要なのは当たり前のことであり、気付くのが遅きに失したと言ってもよいでしょう。ただ残念ことに、日本では、相変わらずプライバシー保護と個人情報の安全管理措置を混同するケースが多く見られます。「プライバシー保護はコスト」と捉えている向きが多く、残念な状況です。

第7章では、「プライバシー保護」の本質的意味を解説し、ISOなどで規格化されているフレームワークやガイドラインを通じて、顧客を尊重し、顧客からの信頼を勝ち得るために不可欠な「プライバシー管理」を、アイデンティティー管理の視点も交えて解説します。

第8章　個人情報の取り扱いにおける「告知」と「同意」

第7章のプライバシー保護と関連し、第8章は個人情報を取り扱うに当たって必要になる「告知」と、他の適法な取り扱いの根拠が使えない場合のラスト・リゾートとしての「同意」の取得について解説します。

第9章　信頼、ブランド、そしてトラストフレームワーク

第9章では、サイバービジネスの重要テーマとなる「信頼（トラスト）」を取り上げます。この文脈では企業のブランドが登場します。信頼とは何か、ブランドはなぜ重要なのか、そしてそれを補うための仕組みとして「トラストフレームワーク」を解説します。

21世紀の経営に求められるもの

19世紀と20世紀の企業経営では、会計帳簿群がどのように構成されているかを論理的に理解することが不可欠でした。細かい帳簿の作成は専門家に任せたとしても、論理的に理解していなければ、貴重な経営資源がどのように使われ、顧客のニーズがどこにあるのかを把握できないからです。

21世紀の企業経営では、「デジタルアイデンティティー」と「プライバシー」に関する論理的な理解が求められます。これらの正しい理解がなければ、サイバー空間上の顧客を認識することも、資源を認識することも、それらを配分することもできません。技術的に細かいところは専門家に任せたとしても、大枠として何が起きていて、何をしなければならないのかを理解していなければ、現代的な経営は難しいでしょう。

本書では、アイデンティティー管理やプライバシー保護の製品選定や使い方に関する記述はなく、どのように実装する（または製品を導入する）にしても必要となることを説明しています。本書を読むことで理解できるのは、抽象的な意味で「何をしなければいけないのか」「なぜそうなのか」です。こうした理解は、経営者や経営企画の方にとって、企業戦略を立てる上で重要な考慮点になるでしょう。また、実際に実装される技術者の方にとっては「なぜそうしているのか」を理解する一助になるし、製品選定する立場にある人にとっては「製品選定の一つの指針」にもなるでしょう。

経営者も技術者も、「デジタルアイデンティティー」と「プライバシー」に関する技術の表面を見るのではなく、その背景にある考え方を理解することが重要です。遠回りのように思うかもしれませんが、こうした理解がなければ、現在、「発展途上国行きの道を進んでいる」といわれる日本の進路を変えることはできません。本書を読んだ皆さんの力があってこそ、日本が輝きを取り戻せる。そう切に願ってやみません。

OpenID Foundation（米国）理事長

崎村夏彦

第1章　GAFAの中心戦略「デジタルアイデンティティー」

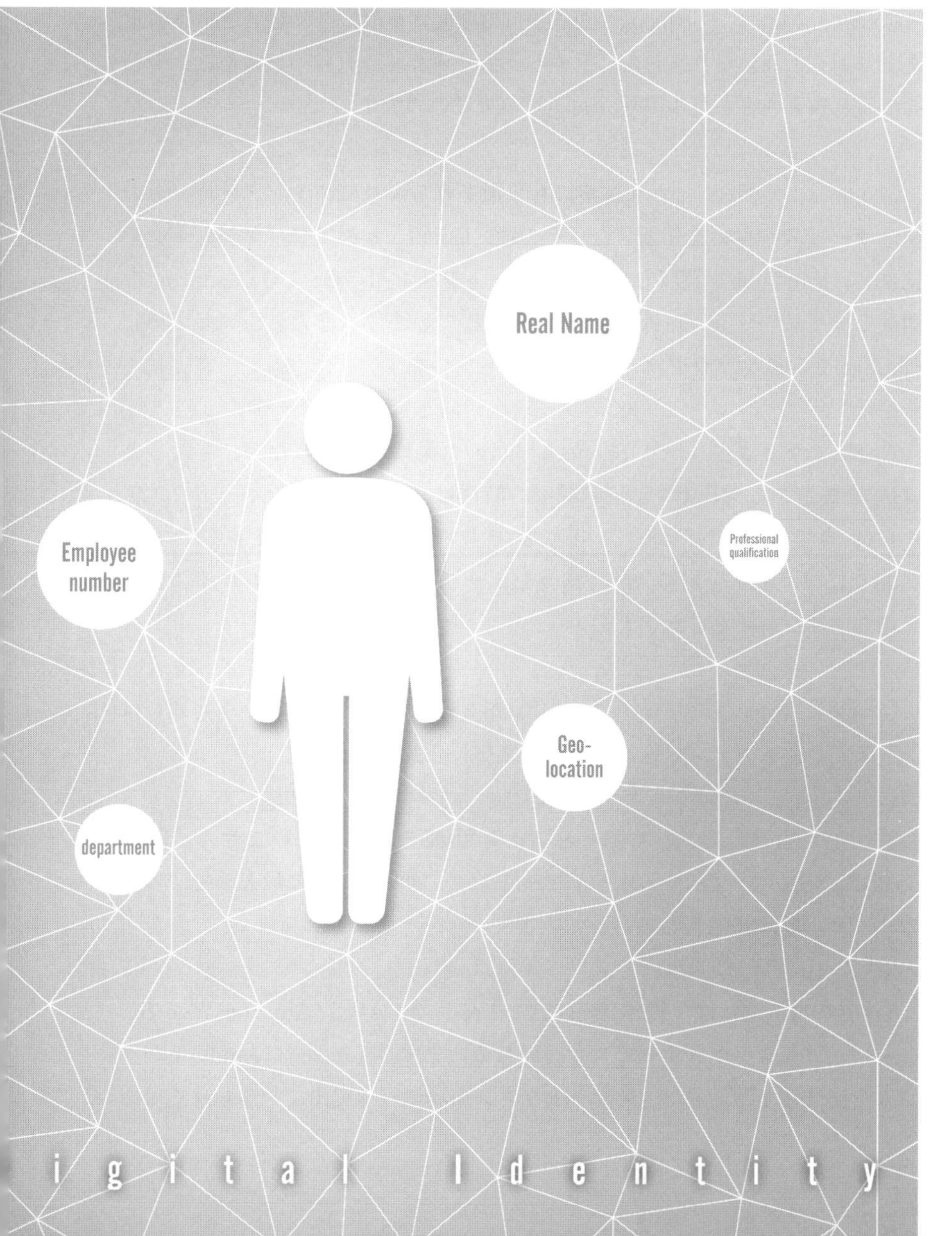

1-1 サイバー大陸の覇者に共通する戦略

事業面から見ればGAFAに共通項は少ない

Google、Apple、Facebook、Amazonの頭文字を取ったGAFAという言葉をよく聞くようになりました。しかし、よく考えてみれば不思議な取り合わせです。事業内容を見る限り、共通点が少ないのです。

Googleは「ググる」という言葉にも象徴されるように、インターネットの検索サービスから始まりました。その後、Gmailなどのアプリケーションを提供し、YouTubeを買収した他、スマートフォン用のOSであるAndroidを開発しました。Androidは世界中で使われています。また、Google Cloud Platformというクラウドサービスも提供しています。

Appleは今ではすっかりiPhoneとiPadの企業になりましたが、もともとはPCを製造する会社です。同社製品の特徴は、CPUも含めたハードウエアからOSまでを1社で提供していることです（垂直統合と言います）。さらに2008年には、iPhone用のApp Storeをオープンし、アプリのエコシステムを作り上げた会社でもあります。

GoogleとAppleはスマートフォン用OSを作っている会社という共通点はありますが、トータルで見ると別の事業を行う会社です。

3社目のFacebookは、スマートフォン用OSを提供していません。FacebookはSNS（ソーシャル・ネットワーキング・サービス）の最大手で、現在のユーザー数は26億人といわれています。

4社目のAmazonは、電子商取引の最大手で、AWS（Amazon Web Services）というクラウドサービスも展開しています。AmazonはKindleという端末を提供していますが、スマートフォン市場に打って出ているわけではありません。

こうやって見てみると、GAFAを構成する4つの企業に事業面での共通項は多くありません。ただ、4社とも多数のユーザーがいますので、大規模なデータセンターを運営している点は共通しています。表面的な事業の裏にある戦略に踏み込むと、そこには明確な共通点があります。それは、「デジタルアイデンティティー」を中心に戦略を立てていることです。

アイデンティティーの簡単な定義

デジタルアイデンティティーとは聞き慣れない言葉かもしれません。詳しくは第2章で解説しますが、ここではその言葉のもともとの意味から少し掘り下げてみましょう。

「デジタルアイデンティティー」とは、「デジタル」と「アイデンティティー」をつなげたもので、言葉の主体は「アイデンティティー」にあります。「アイデンティティー」という言葉は日本語ではあまり使わないかもしれませんが、英語圏ではしばしば登場します。その意味を日本語にすると「属性の集合」になります。属性とは、「あるものの一部の性質を表すもの」のことです。属性を必要なだけ集めると「あるものを他とは違うものとして確立する」ことができるようになります。こうした、「あるものを他とは違うものとして確立する」ことができる属性の集合のことを特別に識別子(Identifier)と呼びます。

米国の空港などでは、よく「Prepare your ID(IDを準備してください)」と書いているのを見かけます。この「ID」とは、「自分のことを確立する属性の集合(Identity)を記載した文書(Document)」のことで、そうした文書の代表は「パスポート」です。

アイデンティティーを理解するために、パスポートを少し掘り下げてみましょう。日本のパスポートの場合、そこには次に示す項目が記載されています（**図表1-1**）。

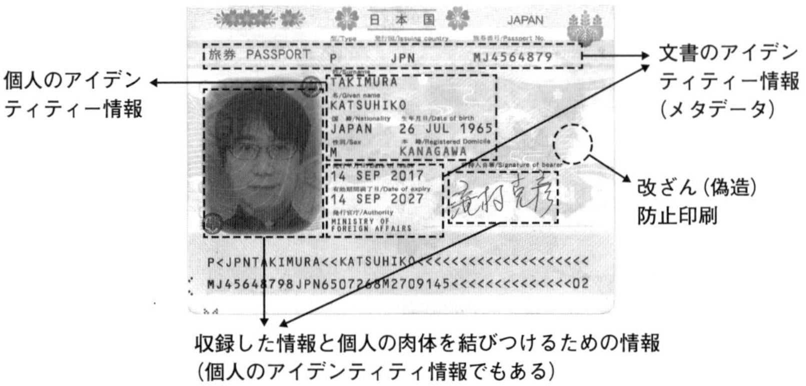

図表1-1　日本のパスポートの例
出所：外務省

- 姓
- 名
- 国籍
- 生年月日
- 性別
- 本籍

これらの「属性の集合」が、個人の「アイデンティティー」になります。逆に言えば、このような「個人のアイデンティティー（Identity）」を記載した「文書（Document）」なので、パスポートは「ID」として取り扱われるのです。

パスポートの役割は、そこに書かれている属性の集合を持った個人であることの証明です。証明するには、「誰がいつ何のために発行したのか」などの付随情報（メタデータ）も必要ですし、記載された情報が改ざんされていないかどうかを検知できる必要もあります。そうしたことのために、例として示したパスポートには以下が記載されています。

- 文書の目的（PASSPORT）
- 旅券番号
- 種別
- 発行国
- 発行年月日
- 有効年月日
- 発行者

これらは、この文書自体の属性の集合、つまりアイデンティティーになります。つまり、この文書のアイデンティティーが、対象個人のアイデンティティーに対する付随情報（メタデータ）になっているという構造です。

GAFAと他の企業との違い

こうした「ある実体に関する属性情報の集合」を、デジタル、すなわち、コンピューター上で自動処理可能な形で表現したものが「デジタルアイデンティティー」です。「実体」は人である必要はありません（第2章以降では「実体」のことを「エンティティー」と呼びます）。組織や会社、モノ、コンピューター上で稼働するプロセスなども「実体」で、それぞれアイデンティティーを持ちます。

情報システムで管理される「デジタルアイデンティティー」は、これまで、アプリケーションごとに別々に存在してきました。Web上で提供されるサービスごとに別のID／パスワードを求められるのは、その表れです（このあたりの経緯は第2章で紹介します）。こうした「アプリケーションごと」のアイデンティティーは今でも広く見られます。

ここに、GAFAと他の企業との違いが端的に表れています。

もしあなたがGoogleの提供するGmail、YouTube、Google Photoを使っているとします（この一つひとつがアプリケーションです）。その場合、どれか一つのアプリケーションにログインすると、すべてのアプリケーションにログインされているはずです。実はこれ、昔は違いました。どれかのアプリケーションにログインしても、他のアプリケーションにログインされることはありませんでした。

ログインするということは、その裏でアイデンティティーを管理しているということです。昔はGoogleもアプリケーションごとにアイデンティティーを管理していたのですが、現在ではすべて「Google Account」という専用サービスでアイデンティティーを集中的に管理し、それぞれのアプリケーションは、アプリケーション固有のデータだけを持つように変わっています。

Googleを例に説明しましたが、アプリケーションごとにアイデンティティーを管理せず、すべてのアプリケーションのアイデンティティーを集中管理するのはAppleもFacebookもAmazonも同じです。

GAFAとは、アイデンティティーを別出しの基盤として整えて、その上にアプリケーションを構築していく「アイデンティティー管理フレームワーク」をいち早く構築した、「アイデンティティー管理フレームワーク企業」なのです。

1-2 アイデンティティー管理をする３つの理由

GAFAは「アイデンティティー管理フレームワーク」を構築し、そこで集中的にアイデンティティーを管理していると説明しました。では、そもそもなぜ「アイデンティティー管理」をするのでしょうか。

その理由は以下に示す３つに集約できます。これらは排他的ではなく、重なり合い、いずれも重要です。順に説明します。

(1) 貴重なリソースに対するアクセス管理
(2) 従業員や顧客との関係性の強化
(3) 生産性の向上（安く、早く、システムを作る）

1-2-1 アイデンティティー管理をする理由１　貴重なリソースに対するアクセス制御

アイデンティティーを管理する理由の１つ目は、資源（リソース）に対するアクセス制御をするためです。アクセス制御は最近になって必要になったことではなく、ずっと昔から行われてきました。

「開けゴマ」は長期の共有された弱い秘密（弱い長期共有鍵）

ここに貴重な物（リソース）があるとすると、所有者はその物に触れる（アクセス）ことができる人を限定しようとするでしょう。

「アリババと40人の盗賊」に出てくる盗賊は、盗んだお宝を保管しておくために「開けゴマ」という合言葉が無いと入れない洞窟を利用していました。これは「アクセス制御」です。「開けゴマ」を今ふうに言うと、「長期の共有された弱い秘密（弱い長期共有鍵）」を利用したアクセス制御と言えます。これはあまり安全な対策ではありません。その結果、盗賊はお宝を失ったばかりか、一人残らず命まで失うという悲惨な末路をたどります。

これが、ローマ帝国になるとちょっと変わってきます。先の盗賊と同様に共有鍵（そもそも、非対称鍵がこの世に登場するのは1970年代です）を使っていましたが、その有効期限は短期で、次々に新しい鍵に切り替えられていました。鍵の配布は伝令を使っていましたが、その配布過程で、どこまで鍵が配布されたかをモニターできるシステムを採用していました。

つまり、「配布状況検証機能付きの鍵配布プロトコルを使った弱い秘密（弱い短期共有鍵）」を用いたアクセス制御です。これは、現代の一部のシステムでも似たような仕組みが使われています。さすが大帝国を築くだけのことはあります。

情報システムのアクセス制御には5W1Hが必須

情報システムでも、早くからアクセス制御が必要とされました。計算能力は当初非常に貴重だったので、きちんと割り当てなければならなかったからです。MIT（マサチューセッツ工科大学）のCTSS（タイムシェアリングシステム）（1961）では、ユーザーごとにパスワードを設定し、これを使ってアクセス制御をするようになっていました。

現代の情報システムでもアクセス制御は重要です。そもそも、全くアクセス制御が要らないリソースはほとんど存在しないように思われます。たとえ公開されているファイルであったとしても、その書き込みや削除の権限は管理しなければならないので、アクセス制御は必要です。

「リソース」へのアクセスを制御するということは、「誰が（who）」「いつ（when）」「どこから（where）」「何のために（why）」「何を（what）」「どのように（how）」アクセスできるのかを管理・制御するということです。そして、この5W1Hは、情報システム上ではデジタルアイデンティティーを使って制御されます。アイデンティティー管理が不可欠であるゆえんです。

1-2-2 アイデンティティー管理をする理由2　従業員や顧客との関係性の強化

アイデンティティーを管理する2つ目の理由は、顧客や従業員との関係性の維持・改善です。１つ目の理由のアクセス制御が「守りのアイデンティティー管理※」としたら、こちらは「攻めのアイデンティティー管理」と言ってもよいかもしれません。

※ アイデンティティー管理ができていないと、1-3で解説するAPIエコノミーでの活動はできないので、攻めの一部を構成するとも言えます

ERMとCRMは関係性を強化するシステム

従業員や顧客などの「人」は、それぞれ異なります。その人が何を欲しているかも、どうしたら使いやすくなるかもその人ごとです。したがって、これらを追求するには、その人ごとに対応をカスタマイズすることが必要です。アイデンティティー管理は、こうしたことを行う基盤です。例えば、GoogleやFacebookがオンライン広告の中で支配的な力を持っているのは、彼らが顧客のアイデンティティーを押さえてプロファイリングし、どのような広告を配信すべきかを最適化しているからです。

こうした「関係性の管理」は、その対象が従業員やその家族である場合、ERM（エンプロイー・リレーションシップ・マネジメント）と呼ばれます。ERMをきちんと行うことによって、「従業員」や「家族」は何を欲しているのかを理解し、適切なサービスを提供することができるようになります。そして、その結果として、従業員の生産性と定着率の向上に寄与することができます。

一方、「お客様」は何を欲しているのかを行動からひもといて、適切なサービスを提供することをCRM（カスタマー・リレーションシップ・マネジメント）と言います。これをきちんと実施することによって、顧客のロイヤルティーと収益の向上が見込めます。

1-2-3 アイデンティティー管理をする理由3　生産性の向上（安く、早く、システムを作る）

3つ目の理由は、生産性の向上です。ここでの生産性の対象は、主に情報システムの構築や改修にかかる作業を想定しています。一般に情報システムは大きく複雑になるほど構築にも改修にも時間がかかるもので、誰もがそうした状況を改善したいと思っています。その一つの鍵が「アイデンティティー管理」にあります。アプリケーションごとにアイデンティティーを管理するのではなく、GAFAがしているようにアイデンティティー管理を独立させ、そこで集中管理するのです。

生産性向上のケースとして以下の3つを説明します。内容は、情報システムを構築する際の話になります。一見するとアイデンティティー管理と関係なさそうですが、実はアイデンティティー管理が独立してなされていないと実現できないことです。

(1) 新機能を短期間に展開可能（既存システムに影響を与えない）
(2) 他社サービスを利用した機能提供（コアコンピタンスのみに集中）
(3) 今までアクセスできなかった市場にアプローチ

生産性向上1　新機能を短期間に展開可能（既存システムに影響を与えない）

1つ目は、情報システムで提供する新機能を短期間に展開する場面を考えます。例として、Amazonを取り上げます。

旧来型の情報システムの多くは、一枚岩型（モノリシック）の密結合システムです。このようなシステムだと、一部の業務だけを変更しようとしても、システム全体の再ビルドと再テストが必要になります。当然、その他の業務にも影響を及ぼしますから、影響度を調査してスケジュールを調整することが求められ、業務を変更できる時期は制約を受けます。情報システムで実装されている業務の数が増えれば増えるほど、こうしたタスクはほとんど不可能になり、機能追加や変更は難しくなっていきます。

こうした密結合一枚岩システムの典型例が、2001年頃のAmazonの情報システムでした。当時のAmazonの情報システムは、顧客の住所・氏名、クレジットカードナンバーなどのアイデンティティーデータを取り扱うためにセキュリティー的に堅牢なシステムを目指す必要があったこともあり、一枚岩の密結合な構成になっていました。密結合なのでメンテナンスや維持が大変で、変更のたびに全体を再ビルドしてテストしなければならず、ビジネスの急成長にシステム側が追いつかなくなっていました。

ここまではよくある話です。このままのシステムを使い続けていたら、Amazonが小売りを制覇するようなことはなかったかもしれません。しかしAmazonは違いました。一枚岩システムに限界を感じた創業者のジェフ・ベゾスは、ここでシステム刷新に取り組みます。密結合化されていた各機能を分解して独立したシステム（独立したシステムを「サービス」と呼ぶ）として実装し、サービス間の連携はHTTPSのREST API※1に限定したのです。これを徹底するために、「正当な許可なく指定した方式以外で他サービスと連携したエンジニアはクビにする」とまで言い切ったそうです※2。

※1 オブジェクトを表すアドレスに対して、使用しているトランスファープロトコルを提供する動詞（HTTPSの場合は、GET、POST、PUT、DELETE、HEAD）のみを使って処理する方式

※2 「なぜAmazonはマイクロサービスに舵を切ったのか？」ASCII.jp（2018年1月24日）<https://ascii.jp/elem/000/001/620/1620756/>（2019年9月11日取得）

これは、今で言う「マイクロサービス化※1」です（**図表1-2**）。各機能は「Two-pizza teams」と呼ばれる、最大10人程度のチームで開発され、チームには担当するサービスのすべての権限と責任（＝アカウンタビリティー；Accountability※2）が移譲されました。これにより、新機能を実装する際、全体を再ビルド、再テストする必要がなくなり、短期間で提供できるようになりました。この「マイクロサービス化」が、その後のAmazonの飛躍の源泉になったことは言うまでもありません。

※1 「マイクロサービス（Microservices）」という言葉が最初に使われたのは、2011年にイタリア

のヴェニスで行われた開発者向けカンファレンスでのことのようですから、まだ当時はこのような呼び名は無かったはずです

※２「はじめに」で説明した「アカウンタビリティー」と同義。何が起きていたかを説明でき、それを第三者検証可能にし、説明が間違っていたら罰を受けることの３点セット

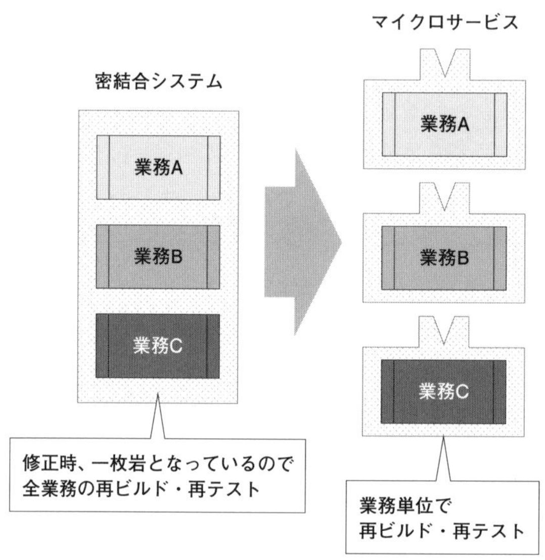

図表1-2　密結合システムからマイクロサービスへの移行
出所：筆者

このとき見落としてはいけないことがあります。それは、「マイクロサービス間で連携する際のアクセス制御」です。個々のサービスは独立し、連携のためのインターフェース（このインターフェースを「API」といいます）を定義しています。APIの仕様が分かれば呼び出すことが可能ですが、当然、許可されていることが前提です。つまり、厳密なアクセス制御が必要で、そのためには、アイデンティティー管理を行う必要があります。

こうしたアイデンティティー管理機能を業務ごとに持っていたら、統一的なセキュリティー管理などできるはずもありませんし、アイデンティティー管理機能を各マイクロサービスが密結合していたら、何のために分解したのか分からなくなります。

そこで、アイデンティティー管理機能をサービスとして独立させ、HTTPSのREST APIで連携させていく「アイデンティティー連携」が必須となりました。マイクロサービスは、独立したアイデンティティー連携基盤なくしては成立しないのです。言い方を変えれば、新機能を短期間に展開可能なマイクロサービスは、独立したアイデンティティー管理があって初めて可能なのです。

生産性向上２　他社サービスを利用した機能提供（コアコンピタンスのみに集中）

先のマイクロサービスは自社システムに閉じた話でしたが、このアプローチをもう一歩進め「サービス（API）の公開」をすることができます。自社内だけでサービス（API）を使うのではなく、他社も使えるようにするのです。多くの企業が公開すれば、他社のサービスを組み合わせた自社サービスの提供も可能になります。

Mobility Technologiesが提供する「JapanTaxi」を使ったことがあるでしょうか。タクシーの予約や支払いができるアプリで、アプリの画面には利用者が現在いる場所などを示す地図が表示されます。注意して見ると、その地図の部分には「Google」と記されています。そうです。アプリ中の地図機能はGoogleのサービス（Google Maps）に頼っているのです。

Mobility Technologiesのコアコンピタンスは顧客とタクシーのマッチングであり、地図機能の提供ではありません。この事例は、コアコンピタンスではない部分は他社サービスと連携することで、「企業は自社のコアコンピタンスに集中して新たなサービスを提供できる」ことを示しています。

自社ノウハウが詰まった部分は独自に作成し、その他の部分は公開されている他社のサービスを使って、全体としてまとまったソリューションを提供していく。こうしたアプローチを「レゴ化」といいます。すべての部品（ブロック）を自社で作るより、はるかに早くサービスを提供できる（＝生産性が向上する）のは言うまでもありません。

生産性向上３　今までアクセスできなかった市場にアプローチ

「サービスの公開」によって可能になる「レゴ化」は、コアコンピタンスに集中できるだけでなく、他にもメリットをもたらします。

ユーラーヘルメスというパリを拠点とする信用保険会社があります。この会社が得意とするビジネスは、あるものを取引先に販売した時の資金回収リスクを移転する「取引保険」です。このような保険は、企業規模によらず欠かせないものですが、取引の売り上げが回収できないと経営に甚大な影響を与えてしまう中小企業にとって特に価値があるはずです。しかしながら中小規模の場合、取引の件数が少ないため、どうしても１社当たりの保険料が安くなり、営業担当者が訪問して販売すると赤字になってしまいます。そのため同社は大量に保険を買ってくれる大手にしか取引保険を販売できていませんでした。

この問題を解決するために同社が採ったのが、取引保険を販売するためのサービス（API）を公開し、オンラインでのサービス提供をすることでした。顧客企業側は、取引を管理する販売管理システムでこのAPIを呼び出すようにすれば、取引成立時に自動的に保険を購入できるようになります。この結果、同社はコスト割れを心配せずに中小企業にも取引保険を販売することができるようになりました。

提供しているAPIの後ろではAI（人工知能）が動いており、取引に応じて自動で料率を計算して適用します。例えば、取引がかなり前に行われていて資金回収日が近いのにもかかわらず保険を申し込んできたような場合は、リスクが高いと判断して保険料率を上げているそうです。この保険料率を算出する「保険数理計算」こそが保険会社のコアコンピタンスであり、そこに集中できているのは前項でも説明した通りです。

ここで注目したいのは、APIを提供しなければアクセスできなかった市場にアクセスできるようになったということです。同社の場合、これまで参入が難しかった中小企業の市場に参入できたことで、市場規模が従来の1000倍になったといわれています。

次は、英国の銀行で聞いた話です。これまで、中小企業のつなぎ融資は、支店の営業担当者が足で稼いでいました。しかし、銀行自体の利益率の低下から支店の閉鎖が続き、こうした案件の獲得が難しくなってきていました。そこで、企業の会計帳簿を公開してもらい、APIでデータを吸い上げ、融資決定をするようにしたそうです。企業帳簿の公開を拒否されたことはないとのことでした。

似たようなことをやっているのが、米国のKabbageというフィンテック企業です。QuickBooksのような帳簿サービス、PayPalなどの決済サービス、AmazonなどのECサイトからデータをAPIで吸い取り、AIによって人手に寄らずに顧客の信用力を算出し、融資を実行するというモデルです。融資決定までの平均時間は約6分とのことです。

これらの事例はすべて、アクセス制御のなされた各種APIにアクセスし、それらの情報を対象主体ごとに統合して取り扱っています。つまり、アイデンティティー管理フレームワークがないと実現できないのです。見方を変えれば、すべて「アイデンティティー管理をする理由になる」ということです。こうしたことを見据えて、戦略的にアイデンティティー管理フレームワークを構築してきたのがGAFAです。

1-3 GAFAが採った「プラットフォーム戦略」を支えるアイデンティティー管理フレームワーク

1-3-1 APIエコノミーとB2D市場

GAFAのような企業のことを、よく「プラットフォーム企業」と呼びます。これは、彼らがすべての機能を自分で提供するのではなく、コア機能をAPIで提供し、アプリケーションは他の企業も作ることができるようにしているからです。

このことを筆者はよく「自作農」と「地主」の関係に例えます。「自作農」は、自分で水を引いて農地を耕しますが、それでは耕作面積におのずと制限があります。そこで「用水」というインフラと土地だけを提供し、耕作は小作にやってもらえば、耕作面積を飛躍的に広げることができます。これが「地主」です。

GAFAは、「アイデンティティー管理」に代表されるインフラ、いわば「用水と土地」を提供し、他社にそこを耕してもらうことを意図的にやってきた「地主企業」＝「プラットフォーム企業」なのです。

AppleがNokiaに勝った理由

この一例として、GAFAの一角であるAppleの取り組みを掘り下げてみましょう。多くの人は2007年のiPhoneの発売がAppleの飛躍の原点になったと指摘しますが、実はその翌年、より重要なことが起きています。「App Storeの開発者への開放」です。これによって、Appleが提供するAPIを使って、開発者がどんどん新しい機能をiPhoneに足していくことができるようになったのです。

当時、携帯電話市場で圧倒的なシェアを誇っていたのはNokiaでした。同社は限られたパートナーにAPIを提供していましたが、基本的にはすべての機能を自社提供する、いわば、大規模な自作農だったわけです。これに対してAppleは、APIを開発者に開放し、App Storeを通じてどんどんと機能を提供できるようにしました。いわゆる地主戦略です。その結果、Nokiaの携帯電話はiPhoneに比べて圧倒的な機能不足に陥り、数年で姿を消していくことになりました。どんどんと規模を大きくしていく地主に自作農は対抗できないのです。

開発者に好かれるプラットフォーム、嫌われるプラットフォーム

Appleは「B2D（Business to Developer；企業が開発者向けにサービス提供する）市場」を開拓したのです。例えて言えば「小作農市場の開拓」です。現代の企業にとってAPI提供によるB2D市場の開拓は、効果的な戦略です。

この際にポイントになるのが、提供するAPIを使った開発の基盤となる「プラットフォーム」です。その巧拙によって、自社のAPIを使ってくれる「開発者（Developer）」が集まるかどうかが決まります。良い開発者であればあるほど「怠け者」です。彼らはできるだけコード量を減らそうとし、同時にコードの見通しを良くしようとします。プラットフォームの提供者は、できるだけ見通しが良く使いやすいAPIを提供することが重要です。その際に重要なのが、「業界標準に沿っているかどうか」です。

APIを使って開発しようとすると、そのAPIの使い方（方式）を理解することが必要になります。開発者にとって、新しい方式の学習は負担が重く、できることならすでにマスターしている方式で開発したいと考えます。その第一候補は「業界標準」です。たとえ、まだ業界標準をマスターしていなかったとしても、業界標準ならインターネット上で多数の解説記事やサンプルコードを見つけることができるので、学習が格段に楽になります。

仮に、ほぼ同様の機能を提供する２つのAPIがあったとして、一方が独自

ルール、もう一方が業界標準なら、開発者は間違いなく後者を選ぶでしょう。なぜなら、学習負担が圧倒的に軽いからです。

2020年時点で、API開発方式の業界標準として開発者に好まれているのはRESTというAPI呼び出し方法と、JSONおよびJWT※というデータ形式と、OAuth（第４章で解説します）というアクセス管理の方法を組み合わせた方式です。これらの方式ならコンピューター言語を選びませんので、開発者は好みのコンピューター言語を使ってAPIを利用できます。一昔前は「SOAP」と「XML」を合わせたものが主流でしたが、この方法は上記に比べて開発者の負担が格段に重く、最近はほとんど見なくなってしまいました。

※JSON Web Tokenの略。読み方は「ジョゥト」。IETFのRFC7518で定義されています

また、「データ項目名」も重要です。一貫性がある英語でのデータ項目名を定義しておけば、項目名を類推できるので、開発者負担が下がるからです。

1-3-2　アイデンティティー管理フレームワークの標準規格

前項で説明したプラットフォームを提供するには、APIのアクセス制御を担うアイデンティティー管理フレームワークが欠かせません。

アクセス制御を担うということは、何らかの方式のセキュリティープロトコルを実装するということです。企業内に閉じているシステムであれば、独自方式のセキュリティープロトコルであってもよいかもしれませんが、こういう非競争領域を独自方式で開発するのは経済合理性がありません。どのようなセキュリティープロトコルであってもその開発は大変難しく、多くの費用がかかるからです。費用をかけていないと、恐らく穴だらけのアイデンティティー管理フレームワークとなり、使い物になりません。

また、プラットフォームに開発者を呼び込むには、学習負担の重い独自方式は避けねばなりません。前述のように他社の提供するAPIを使って急速

に機能を増やそうとすると、独自方式に対応してもらうのは難しいですし、やってもらうとすると多額の費用を支払う必要が出てきます。独自セキュリティープロトコルの実装は、お金をドブに捨てるようなものです。

こうした点から、アイデンティティー管理フレームワークに採用するセキュリティープロトコルも、国際標準にすべきです。執筆時点で開発者から好まれているのは、以下になります。

- エンティティー認証：FIDO
- アイデンティティー連携：OpenID Connect 1.0、SAML 2.0
- アクセス認可：OAuth 2.0

「エンティティー認証」「アイデンティティー連携」「アクセス認可」の説明は第2章以降で詳しく説明します。ここでは、「標準として何が使われているか」を説明します。

エンティティー認証：FIDO

エンティティーとは人間、法人、モノなど、この世に存在する実体の総称です。ここでは、エンティティー認証のことを「そこに来た何かが何であるかを確認すること」と理解してください。エンティティーが人ならば、「鈴木と名乗っているこの人が本当に鈴木さんであることを確認する」ことです。このことを通常「ユーザー認証」「利用者認証」といいます。

「FIDO2」は、FIDO Allianceが策定している「高度エンティティー認証」の方式です。具体的には、W3Cで策定された規格「WebAuthn」と、FIDO Allianceが策定している「CTAP」という規格で構成されています。前者は、認証したいと思っているWebサイトが、Webブラウザーを通じてJavaScriptを使ってFIDO認証器／認証デバイス※を呼び出す手順です。後者は、Webブラウザーと FIDO認証器／認証デバイスの間の通信プロトコルを定めています。

※ ユーザーが認証に利用する仕組みのこと。最もシンプルなのは「ユーザー名／パスワード」の入力欄で、FIDOでは生体認証デバイスなどが使われます

アイデンティティー連携：OpenID Connect 1.0

「OpenID Connect」はしばしば「認証」といわれますが、実際には狭義の認証（＝ユーザー認証、専門用語で「当人認証」）はFIDO2などに任せています。担当しているのは、認証結果を含む当該主体に関する属性情報の集合（これを「認証済みアイデンティティー」と呼びます）を、認証を担当したサーバー（認証サーバー）から、ユーザーが利用しようとするサービスサイトに引き渡すことです※。これを「アイデンティティー連携」と呼びます。

※連携する属性を「同意」に基づいて細かく選択的に行うことができるため、「選択的属性開示（selective attribute disclosure）」APIとも呼ばれます

「OpenID Connect」は、OpenID Foundationという国際標準化団体が策定している規格です。もしあなたがスマートフォンを使っていたら、恐らく日々使っていると思います。なぜならば、Googleの認証も、Microsoftの認証も、Sign in with Appleも、OpenID Connectの実装だからです。Microsoftによると、2019年5月段階で、Azure Active Directory上のモバイル認証の94％以上がOpenID Connectを利用しているとのことです。

エンティティー認証とアイデンティティー連携を分離するのは、認証結果を利用するサービスサイト（クライアント）には影響を与えずに、ユーザーが利用する認証手段を変更できるからです（**図表1-3**）。

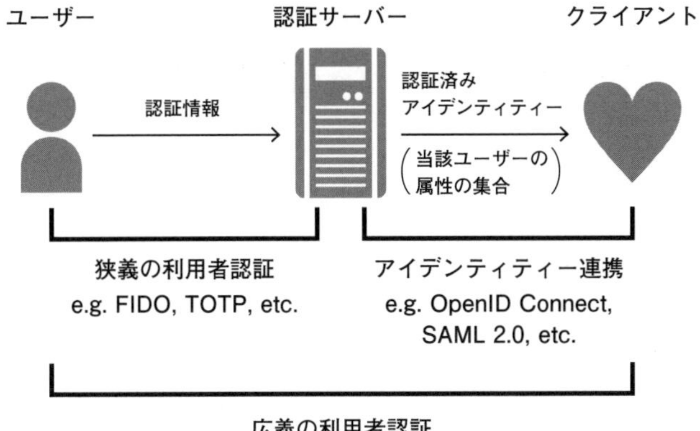

図表1-3　エンティティー認証とアイデンティティー連携の構成
出所：筆者

アイデンティティー連携：SAML 2.0

企業向けサービスのアイデンティティー連携でよく使われるものにもう一つSAML 2.0という規格があります。これは、OpenID Connectの約10年前に作られたプロトコルで、主にSOAPを想定しています。データフォーマットはXMLです。OpenID ConnectはこれのREST／JSON版とも言えますが、加えて、多数の箇所に分散した属性を集めてきて使うという分散アイデンティティーの機能も備えており、昨今はこの側面も注目されるようになってきました。

アクセス認可：OAuth 2.0

アクセス認可を端的に言うならば、アクセスに対する管理者の許可を「トークン」という文字列で表し、そのトークンを実際にアクセスするシステム（クライアント）に引き渡すための手続き（プロトコル）です。「OAuth 2.0」は、IETF（Internet Engineering Task Force）において規格化が行われている仕様で、RFC6749、RFC6750などの一連のRFC（Request for Comments）文書によって規定されています。

1-4 オンラインユーザー認証 〜アイデンティティー管理フレームワークの実例〜

1-4-1 ユーザー認証の種類

では、最も典型的なアイデンティティー管理フレームワークの具体例を見ていきましょう。アイデンティティー管理として最初に思いつくのは「ユーザー認証」かと思います。ユーザー認証は、現代の私たちの生活では３つの主要な場面が想定されます。それは、「オンライン認証」「コールセンターなどでのオフライン認証」「対面認証」の３つです。

「オンライン認証」というのは、インターネットバンキングやECサイトなどのインターネット上のサービスに、Webブラウザーやスマートフォンのアプリを使ってログインするようなケースです。多くの場合は、ユーザー名とパスワードの組み合わせを入力してログインします。最近では、「Googleでログイン」のように、他のサービスを使ってログインするようなものもよく見られます。

「コールセンターなどでのオフライン認証」の典型例は、電話口で「お客様番号」と「生年月日」を聞いて、「本人確認」をするようなケースです。「知識認証」と呼ぶことがあります。これらは本人しか知らない情報とは言えないので、セキュリティーレベルは高くありません。

「対面認証」は、銀行の窓口での印鑑やカード＋暗証番号での本人確認、POSレジでのクレジットカードやQRコードで決済（この場合、ユーザー認証と、そのユーザーによる支払い許可が同時に行われている）などが代表的なケースです。

これら3つのうち、最も身近な「オンライン認証」について掘り下げます。現在のオンライン認証は、大きく分けて以下の2つの方式があります。それは、「メールアドレスとパスワードによるログイン」と「他サービスによるログイン」です。

1-4-2 オンライン認証の実例1～メールアドレスとパスワードによるログイン

これは「ユーザー名／パスワード」によるログインの一類型で、ユーザー名として「メールアドレス」を使うものです。社内システムだとユーザー名に「社員番号」を使うことがありますし、銀行によっては、かなり複雑な文字列を作ってそれをユーザー名として指定することもあります。ただ近年は、メールアドレスをユーザー名に使うことが多くなっています。実際、Googleへのログインも、Microsoftへのログインもそうなっています。

なぜメールアドレスをユーザー名に使うのかと言えば、メールアドレスはユーザーが自分で覚えておける文字列で、かつ、パスワードを忘れたときにリセットリンクを送ることができるからです。この観点では、電話番号をユーザー名として使うのも同じです（SMSでリセットリンク送信が可能）。後述するアイデンティティーライフサイクルの停止・再開を考えているわけです。

メールアドレスとパスワードによるログインの場合、画面に見えているユーザー名（メールアドレス）とパスワードを認証用情報としてサーバーに送信するのですが、現代的なシステムではそれ以外にも実に多くの情報を送っています。例えば以下のような情報です。

- CSRF（クロスサイトリクエストフォージェリ）トークン
- Cookie
- WebブラウザーのLocal Storageに保存したデータ

- Webブラウザーから得られる様々な情報（言語設定、画面サイズなど）
- IPアドレスなどの位置情報

多い場合、100以上の項目になることがあります。そうして得た情報を機械学習させて本人ではない人がログインしようとしているリスクを算出しているのです。そうしないと、例えばリスト型攻撃※1やパスワードスプレー攻撃※2に対してセキュリティーレベルを保てないからです。言い方を変えれば、メールアドレス／パスワードでのログインには多くのリスクがあり、ここで説明した程度のことができないなら、採用しない方がよいということになります。

※1　他で漏洩したユーザー名／パスワードの組み合わせや、パスワードスプレー攻撃によって取得したユーザー名／パスワードのリストを使って当該サービスに適用してログインしようとするもの。多くのユーザーは同じパスワードを使い回し、他の人も使っているようなパスワードを使っていることが多いことを利用した攻撃

※2　よく使われるパスワードを固定し、ユーザー名を変えてログインできるアカウントを探す攻撃。ユーザー名が口座番号や電話番号のように、エントロピーが低いものだとやりやすくなります

1-4-3　オンライン認証の実例2～他サービスによるログイン（認証連携）

もう一つの方法は「他サービスによるログイン」で、簡単に説明すれば他社の認証結果に依存（Rely）したログイン方式です。「1-3-2　アイデンティティー管理フレームワークの標準規格」で取り上げたOpenID ConnectやSAMLを使った方法でもあります。一般には「ソーシャルログイン」や「SNS認証」などという呼び方もされますが、専門的には「認証連携」「Identity Federation」と呼びます。

この方式にはいくつかの登場者（アクター）がいますので、まずは登場者を整理します（**図表1-4**）。

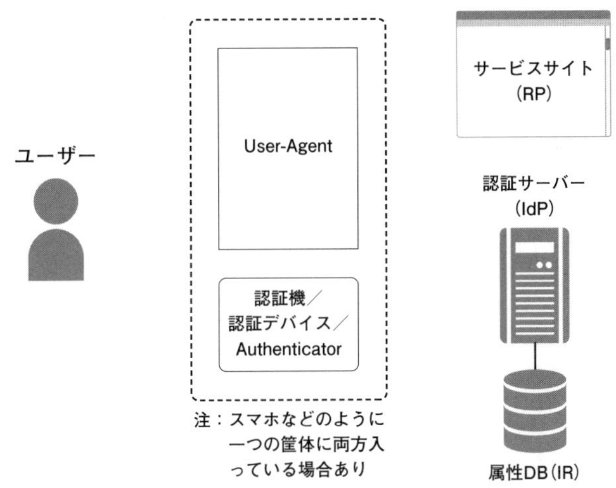

図表 1-4　他サービスによるログインの登場者（アクター）
出所：筆者

- 【ユーザー】サービスの利用者
- 【User-Agent】ユーザーが利用するブラウザーやスマホアプリなどの、サービス利用に用いるソフトウエア。サービス消費機器ともいいます
- 【認証器／認証デバイス／Authenticator】ユーザーが認証に利用する仕組み。最もシンプルなケースはUser-Agent上の「ユーザー名／パスワード」入力欄（この場合、受け取った情報をそのままUser-Agentに引き渡します）。FIDOの場合、PINや生体情報などを使ってユーザーを検証します（この場合は、認証情報に署名をしたデータを返すなど、よりセキュリティーレベルの高い対応をします）
- 【サービスサイト（RP）】ユーザーの目的たる機能を提供するサービス。多くの場合はWebサイトになります。アイデンティティープロバイダーの情報に依存する（Relying）参加者（Party）ということで、専門的には「リライングパーティー」(Relying Party；RP）と呼ばれます
- 【認証サーバー（IdP）】認証器／認証デバイスからの返答と、デバイスの位置情報など様々な情報を収集して認証強度を評価し、その結果を表す「認証トークン」を生成して返答します。ここでは便宜的に認証サーバー

と呼んでいますが、実際にはユーザーの属性情報（アイデンティティー）を管理するデータベースを持つサービスで、その中から一部の属性を選んで返すので、専門的には「アイデンティティープロバイダー」（Identity Provider；IdP）と呼ばれます

- 【属性DB（IR）】アイデンティティーに関連するデータを格納するデータベース。専門的には「アイデンティティーレジスター」（Identity Register；IR）と呼ばれます

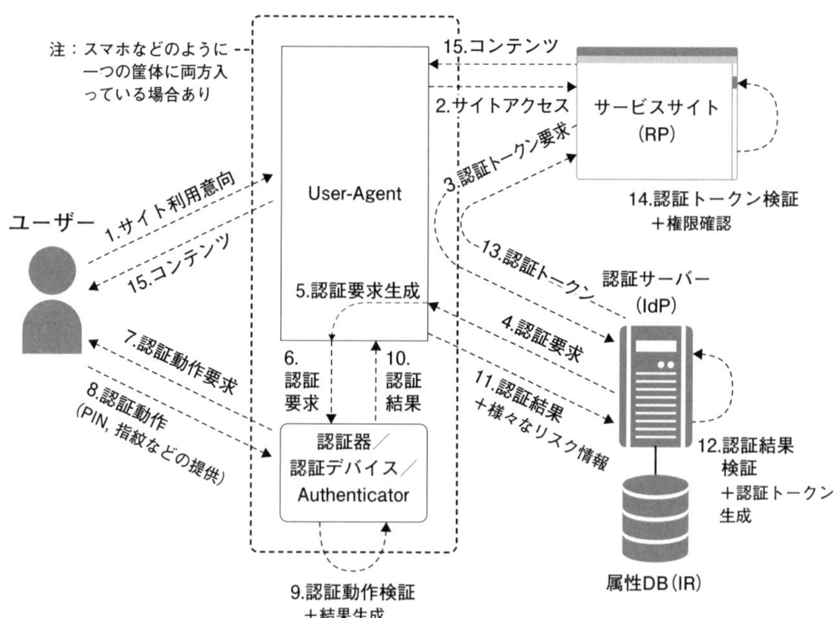

図表1-5　リダイレクトフロー
出所：筆者

実際の認証の流れは様々ですので、ここでは最も代表的な「リダイレクトフロー」を説明します（**図表1-5**）。まず、ユーザーがUser-Agentを通じてサービスサイトへ利用意向を伝えます（図中の1、2）。サービスサイトはこの要求を受けてユーザーの権限をチェックします。この段階では、サイトを訪れているのが誰か分からないので、認証サーバーに対して認証トークンを

要求します（3）。

認証サーバーはこれを受けて、User-Agentに対して認証要求を出します（4）。User-Agentはこの要求を受けて認証デバイスへの認証要求を生成します（5、6）。認証デバイスは要求を受けて、ユーザーに対してPINの入力や顔認証、指紋認証などの認証動作要求を行い（7）、ユーザーはこれに答えます（8）。認証デバイスは、検証して結果を生成し（9）、それをUser-Agentに返します（10）。

User-Agentはこれを認証サーバーに返しますが、このとき、認証サーバーはUser-Agentの種類やCookie情報、IPアドレス、位置情報など様々な情報を合わせて取得します（11）。認証サーバーはこうして取得した情報を総合的に勘案し、サービスサイトがアクセス可否判断に必要としているその他の属性情報を合わせて認証トークンを作成し（12）、サービスサイトに送信します（13）。サービスサイトは、受け取った認証トークンを検証し、当該ユーザーの権限を確認した上で（14）、適切なコンテンツをUser-Agentに応答します（15）。

このように、ユーザー（正確にはUser-Agent）とサービスサイト、認証サーバーの間を要求とその応答が何度もやりとりします。余談ですがこのことを指して、米国人は「Dance ID Dance at the Relying Party（リライングパーティーで"IDダンスを踊る"）」と言うそうです。米国人も駄洒落が好きなのですね。

ずいぶん複雑なステップに見えますが、GoogleもMicrosoftもAppleもAmazonも、内部サービスに対してですらこのようにしています（実はこれでも一部ステップを省いています）。セキュリティーをきちんと守るには、これでも最低限のことしかしていないからです。

1-5 プライバシー保護 ～アイデンティティーの対象が人の場合～

デジタルアイデンティティーを語るとき、外して考えることのできない側面に「プライバシー」があります。なぜなら、アイデンティティーの対象が人である場合、その属性の集合たるアイデンティティーは取りも直さず「パーソナルデータ」だからです。本節ではパーソナルデータに話を絞って説明します。

あるサイトを利用しようとすると、様々な属性情報の入力が求められ、それを入力したとします（ここで「属性の集合＝アイデンティティー」が生じています）。２回目以降は以前登録した情報を基に認証サーバーで認証されます。認証の結果、そこで「認証済みアイデンティティー」という属性の集合が作られます（**図表1-6**）。

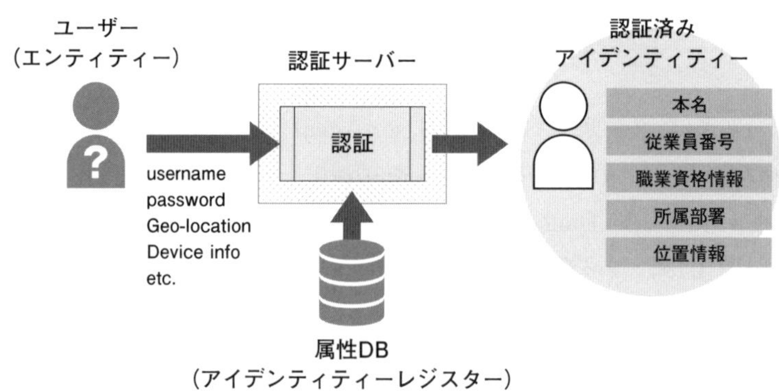

図表1-6　認証済みアイデンティティーの作成
出所：筆者

ユーザーが利用するサービスには「認証済みアイデンティティー」が提供されますが、これは「パーソナルデータ」です。ここで、もし認証サーバーとユーザーが利用するサービスが別法人であれば、パーソナルデータという個人データを第三者提供することになります。このような関係があるため、ISO（国際標準化機構）とIEC（国際電気標準会議）の共同会議体であるJTC 1配下にあるプライバシーの小委員会は、アイデンティティー管理とプライバシーを一緒に取り扱うことになっているのです。

パーソナルデータの利用は、大きな価値を生むと考えられています。実際、FacebookもGoogleもパーソナルデータの利用によって膨大な利益を上げています。ここで取り上げているパーソナルデータは「認証済みアイデンティティー」ですから、アイデンティティー管理なくしてパーソナルデータの有効利用はあり得ないのです。日本ではこのあたりが見過ごされているような気がします（プライバシーに関しては第7章で詳しく説明します）。

1-6 経営のプライオリティーとしてのアイデンティティー

現在私たちは、第4次産業革命のまっただ中にいるといわれています。石炭火力・蒸気機関・銑鉄に代表される第1次産業革命、石油・電気・鋼鉄に代表される第2次産業革命、半導体・PLC（Programmable Logic Controller）による自動化・合成樹脂に代表される第3次産業革命に続く第4次産業革命の代表は、インターネット・IoT・AIです。

それぞれの産業革命は異なることが起きているように見えますが、実は共通した特徴があります。それは、「収穫逓増」「近代金融と信用貨幣」の2つです。

産業革命の特徴1　収穫逓増

第1次産業革命を振り返ってみましょう。学校の授業では、「蒸気機関や自動織機などによって安く大量に生産できるようになった」と習ったと思います。確かにそうなのですが、この説明はとても大切なことを見落としてしまっています。最も重要なことは、これらの技術が「収穫逓増」であったということです。

第１次産業革命以前の世界は、収穫逓増の反対、収穫逓減でした。これは、投入量を増やすと単位入力当たりの生産量は減ることを意味します。これに対して収穫逓増は、生産量が多くなればなるほど、単位当たりのコストはどんどん下がっていきます。

これは、初期投資が大きな産業に共通する特徴で、蒸気機関や自動織機も、まずは工場や設備の投資が先行し、最初のうちの単位当たりの生産コストは高くつきます。しかし、生産量が増えるにつれ、単位当たりの生産コストは下がっていくのです。これを「限界費用の逓減」といいます。

産業革命の特徴２　近代金融と信用貨幣

第１次産業革命にはもう一つ、とても大切な発明があります。それは、「近代金融と信用貨幣」です。これは「資本投資のためのスケーラブルな手段の開発」とも言えます。

生産活動を大まかに説明すると、与えられた技術のもとで資本や労働、材料などをインプットし、生産物をアウトプットする活動です。産業革命はある領域の技術を収穫逓増にしたので、「資本」「労働力」「材料」を多く確保した方が有利になります。また、同時に売りさばく「市場」も確保しなければなりません。第１次産業革命では、「市場」と「材料」を植民地開拓によって確保したのです。綿花をインドから買って、綿製品をインドに売りつける構図です。また、「労働力」は都市化によって農村から人口を吸収して充てました。

残るは「資本」です。実は、英国とその他の国の差を決定づけたのはここです。英国は、「市中銀行の部分準備制度による貸し出し」というテクノロジーを生み出したのです。市中銀行が預金として預かっていないお金を、起業家の事業計画に対して貸し始めたのです。これによって、英国の事業家は他国よりも急速に投資をすることが可能になり※、収穫逓増のメリットを存分に享受し、英国は覇権を握ったのです。まさに資本を存分に使う、資本主義の面目躍如なわけです。

※ このテクノロジーを持っていなかった他国は、これまで通り銀行が預かっている預金の総額しか貸し出すことができなかったため、投資可能額に何倍もの差がつきました

十分なリードを奪った1820年代に英国は金本位制を導入し、他国も追随します。これにより、資本の供給がぐっと抑えられることになりました。意図したかどうかは置いておいて、これによって英国のリードは固定化したのです。英国は第２次産業革命に乗り遅れますが、この金本位制の軛（くびき）は第１次大戦で戦費調達のために各国が金本位制から離脱するまで続きます。そして、金本位制の撤廃とともに英国の覇権はついえたのでした。

第４次産業革命の本質

翻って我々の状況を見ると、銀行貸出はBIS規制などで縛られ、銀行貸出による投資は自由にできない状況です。これに対して、シリコンバレーに代表される株式資本主義は、貯蓄額を大幅に上回る投資を可能にします。これが、米国の企業が日本の企業よりはるかに成長速度が速い一因です。

そしてもう一つが技術面です。第４次産業革命は、インターネット・IoT・AIに代表されるといわれますが、実はそれだけでは十分に収穫逓増になりません。というか、密結合のシステムを使っていると、システム開発投資を追加しても、影響調査やテストなどに足を引っ張られ、得られるものは少なくなってくる収穫逓減になるのです。

これを打破したのが、「1-2-3　アイデンティティー管理をする理由３　生産性の向上」のところで説明したマイクロサービスです。アイデンティティー管理を切り離して独立させ、それぞれの機能を疎結合でつなぐシステ

ムにすることで、他の機能への影響を起こさずにシステム改変や増強ができるようになり、結果、収穫逓増が可能になったのです。

この株式資本主義とマイクロサービス技術の組み合わせが、マクロ面から見た第４次産業革命の本質です。第４次産業革命の果実を享受しようと考えるならば、マイクロサービスを可能にするアイデンティティー管理は避けて通れません。

以後の章では、正しいアイデンティティー管理について説明していきます。

第2章　アイデンティティー管理

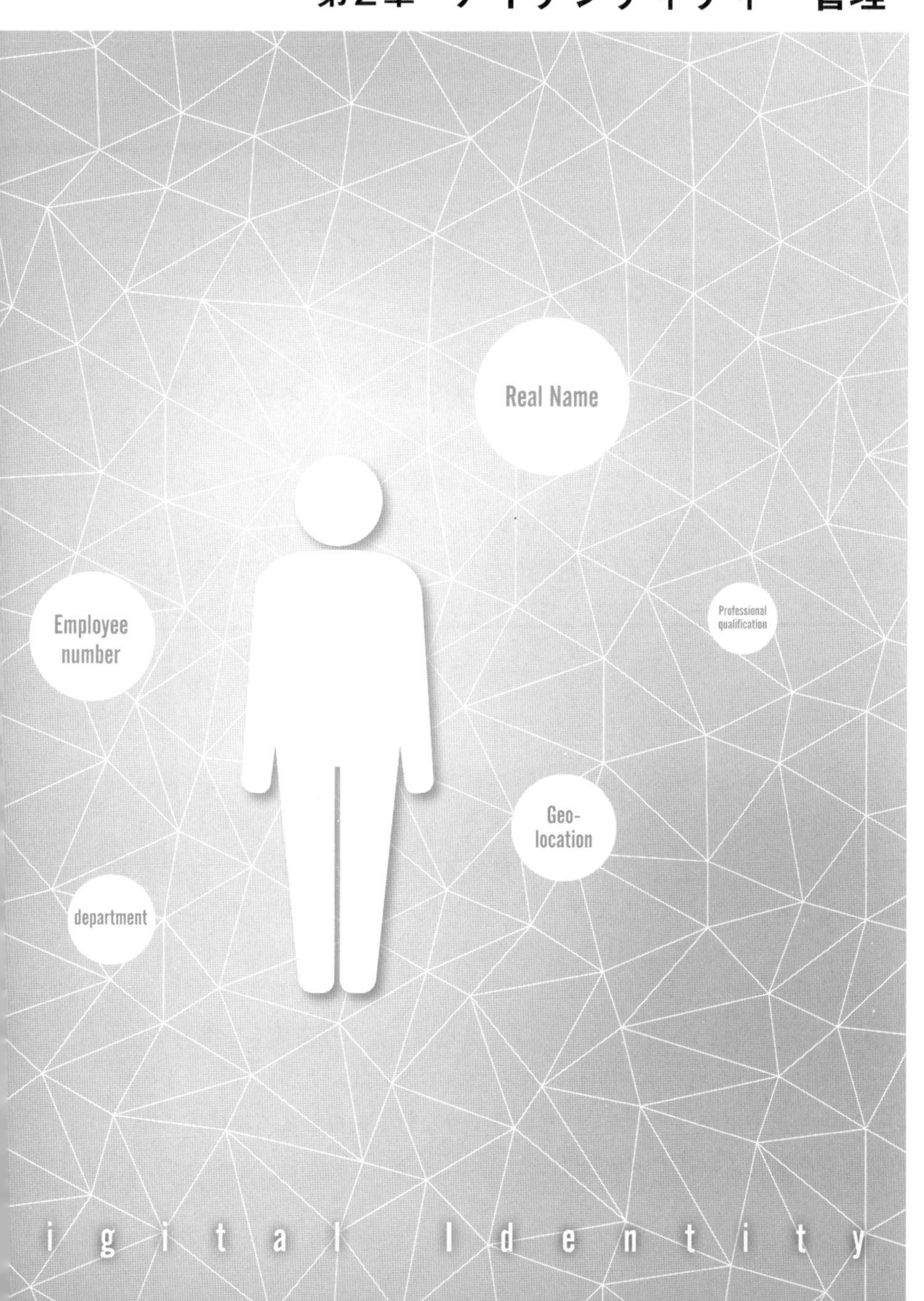

本章の主題は「アイデンティティー管理」です。まずはアイデンティティー管理で頻繁に登場する言葉（「エンティティー」「アイデンティティー」「クレデンシャル」）の定義を説明します。その上で、デジタルアイデンティティーはどのようにモデル化されて情報システムに取り込まれるか、その管理の形態はどうあるべきかを説明します。

2-1　エンティティー、アイデンティティー、クレデンシャル

2-1-1　エンティティー・アイデンティティー・モデル

アイデンティティー管理でよく登場する言葉に「エンティティー」があります。日本語では「実体」という意味ですが、アイデンティティーが日本語にならないので英語のまま「エンティティー」と使うことが少なくありません。なお、データベース用語としてのエンティティーとは意味が違うのでご注意ください。本書では、「実体」と「エンティティー」は同義語として扱います。

私たちが日常接する多くのものが「エンティティー」です。これを書いている私も、読んでいるあなたも「エンティティー」ですし、書くのに使っているPCも「エンティティー」、ワープロソフトなどのコンピューター上のプロセスも「エンティティー」です。アイデンティティー管理では、これらの「エンティティー（実体）」が存在していると素朴に仮定して議論をします。

そういう意味で、「素朴実在論によっている」という指摘もなされます。要は、「実はこれら私たちが実体と思っているものは、実際にはどこかの蝶の夢の中の出来事かもしれない」というような哲学的なところには入らないで、実質を取りにいっている分野だということです。

さて、そのような素朴な観点であったとしても、そこにその実体があるということは、我々は直接的には感知できないことを認めなければなりません。ではどのように感知しているかというと、それぞれの実体の持つ様々な属性を観測することによって、その裏に実体があると推知しているのです。例えば、「崎村夏彦さんは、身長175cmくらいの、グレーの髪の毛の、メガネをかけた男性」のような感じです。この時に使われる属性の集合のことを「アイデンティティー」と言います。

＜定義＞
アイデンティティー：ある実体に関連する属性の集合

ある実体は無数に属性を持っています。属性の全体もアイデンティティーですし、属性の部分集合もアイデンティティーです。ただ、属性の全体は把握できないので、通常、アイデンティティーというと部分集合のことを指します。厳密に「部分アイデンティティー」と言うこともありますが、単に「アイデンティティー」と言うことの方が多いです。このエンティティーとアイデンティティーの関係を表したのが、**図表2-1**です。

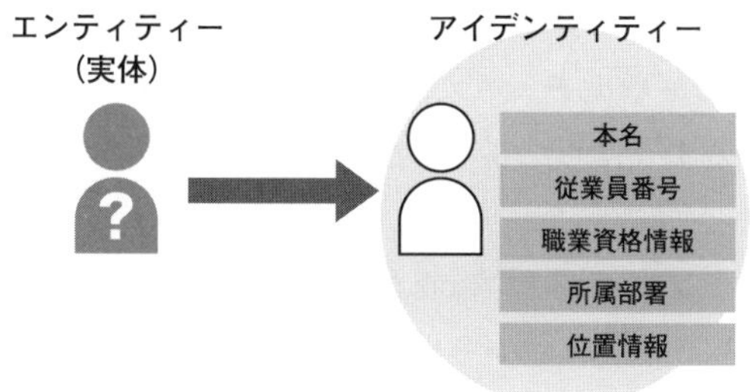

図表 2-1　エンティティー・アイデンティティー・モデル
出所：筆者

人々は生活する上で複数の「アイデンティティー」を使い分け、他者との関係性を築いていきます。これが「エンティティー・アイデンティティー・モデル」です。

2-1-2　クレデンシャル

アイデンティティー管理では「クレデンシャル」という言葉もよく登場します。クレデンシャルとは、エンティティーを認証する際に用いるアイデンティティー情報のことです。例として、いくつか示します。

- 当該主体とアイデンティティー管理システムしか知らない秘密の情報。例：パスワード、PIN、パスフレーズ
- 当該主体しか知らない・持っていないことを他のシステムが確認できるような情報。例：署名鍵・検証鍵のペア
- 当該主体の身体に特異的な特徴を表す情報。例：顔写真、指紋
- 当該主体と、場合によってはそれ以外のエンティティーも知っているかもしれない、秘密でない情報。例：ユーザー名、母親の旧姓
- アイデンティティー情報を含むデジタルデータ・情報。例：X.509形式の証明書、IDトークン
- 上記の任意の組み合わせ

クレデンシャルは情報です。ですので、個人の記憶のみにとどめることもできますし、マイナンバーカードの券面のように肉眼で読める形で記録したり、スマートフォンやICチップなどの記憶領域に保存して情報機器がデジタルで読み出せるようにしたりすることができます。

こうしたクレデンシャルは、確認を容易にするために、以下のような情報を含んでいます。

- 発行者の識別子。例：名前ないしURL
- 主体のみが知る秘密の情報。例：パスワード
- 生体情報。例：顔写真
- 券面の複製・偽造を困難にするための特徴。例：透かし
- 暗号鍵ペアとそのメタデータ

• アイデンティティー確認レベルの情報

こうした情報をハードウエアに収め、認証機能を持たせたものを「認証器／認証デバイス／Authenticator」と呼びます。FIDO認証器や、マイナンバーカードのICチップ部分などがその代表になります。

クレデンシャルは、登録されるアイデンティティー情報の中で最も重要です。この登録内容が間違っている（または登録処理が脆弱である）と、後になってなりすましや取り違えなどの問題を引き起こします。そのため、アイデンティティーを登録する「属性DB（アイデンティティーレジスター）」の中では、各エンティティーに対応するアイデンティティー（クレデンシャルを含む）にはそれをユニークに識別する識別子を持っているべきなのです。

伝統的なモデルでは、まず初期認証（本人確認）をしてからクレデンシャルを発行・登録していました。しかし、最近では、クレデンシャルをまず登録し、その後に他の属性を加えていく方が望ましいとされるようになってきました。これは、クレデンシャルさえ登録してあれば、他の情報は後からネットワーク越しに登録できるからです。逆に、クレデンシャルを後から配布すると、それを横取りされるリスクがあり、オペレーション上のスケーラビリティーも上がりにくくなります。

2-2 エンティティー認証

2-2-1 認証済みアイデンティティーの基本概念

システム上の「アイデンティティー」は、電子的に表された「属性の集合」として存在します。先ほどアイデンティティーの例として「崎村夏彦さんは、身長175cmくらいの、グレーの髪の毛の、メガネをかけた男性」の例を示しました。これをJSONという形式で表すとリスト2-1のようになります。

リスト2-1　JSON形式で表したデジタルアイデンティティーの例

```
{
    "氏名":"崎村夏彦",
    "身長":175,
    "髪色":"grey",
    "眼鏡": true,
    "性別": "M"
}
```

ここまではリアルの世の中をなぞっているだけですが、デジタルの世界になると大きな問題が起きます。その灰色の髪の男と名乗る人間が、「私はこういうものです」と伝えてきても、目の前にいれば実際にその属性を観測して確かめることができるのですが、ネットの向こうにいる人については、そう簡単に確認できないので、にわかには信じられないということです。

つまり「エンティティー認証」とは、こうした問題を解決する方法なのです。エンティティーの種類によって「ユーザー認証」であったり「デバイス認証」であったりします。ここで、一旦「認証」を定義しておきましょう。

<定義>
認証：対象の性質が想定されるものと必要な確からしさで合致していることを確認すること

「○○を認証する」場合、「○○」についての性質を、認証を担当するプロセスである「認証サーバー」があらかじめ知っているか、知ることができるようになっていなければなりません。最も基本的な形で描くと、性質の材料になるデータは「アイデンティティーレジスター」と呼ばれる一種のデータベースに収められています。

「○○を認証する」の過程を説明すると、「○○」から提供された（ないしは「○○」から観測された）属性の集合（アイデンティティー）と、アイデンティティーレジスターに保管されている○○に関するデータから計算された属性の集合を比較し、それが必要な程度合致していれば、「認証」は成功したとされます。そして、○○について認証サーバーが「保証できる」と考える属性の集合として、「認証済みアイデンティティー」が作成されます（**図表2-2**）。

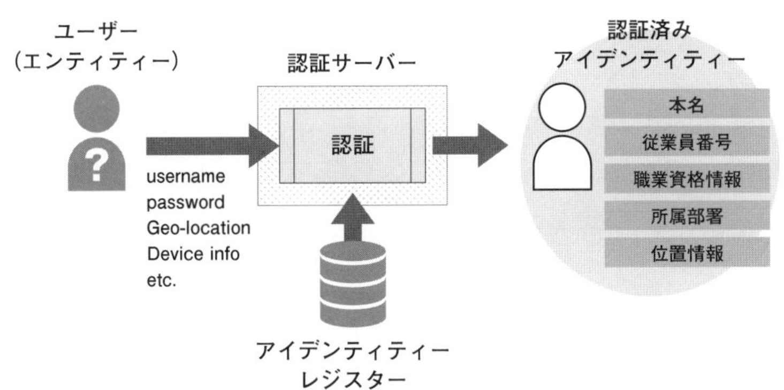

図表 2-2　エンティティー認証による認証済みアイデンティティーの作成
出所：筆者

図表2-2では、認証の対象である人物（エンティティー）が自分の属性と

して「username（ユーザー名）」「password（パスワード）」「Geo-location（位置情報）」「Device info（デバイス情報）」などを認証サーバーに提供しています。認証サーバーはアイデンティティーレジスターから取得した情報と、その人から得た情報を突合し、許容範囲内の誤差で一致していれば、ある程度保証できると考える属性情報の集合である認証済みアイデンティティーを作成しています。

ここで、「許容範囲内の誤差で一致」と言っているのは、突合に当たって、必ずしも完全一致は見ないからです。例えば、位置情報などはどうしても誤差がありますし、生体情報も日々変わります。この誤差を計算に入れて突合しなければならないからです。

認証済みアイデンティティーは、オフラインの世界で言えば、紹介状や身元証明書に当たります。発行者がいて、その発行者が「その人はどのような人か」を説明し、日付があり、宛名があり、署名があります。受け取り手は、発行者が信頼できるかどうかによって、その内容を受け入れるかどうかを決めます。このような仕組みですから、組織を超えることもできます。組織を超えて認証結果を含む属性を引き継いでいく場合、当該アイデンティティーのことを、「フェデレーテッドアイデンティティー（Federated identity）」と呼びます。

Case report

事例 ドコモ口座事件

ここで、エンティティー認証に関係する事件を説明します。2020年に起きたいわゆる「ドコモ口座事件」です。この事件は「NTTドコモは銀行側がしっかりエンティティー認証している」「銀行側はNTTドコモがしっかり身元確認をしている」という前提でいて、実際にはどちらもしっかりされていなかったことで起きてしまった事件です。

認証保証レベルという観点であると、銀行側が４桁の暗証番号のみの認証であったことが弱点となっていました。ATM（現金自動預け払い機）などでは４桁の暗証番号のみで利用できますが、それは以下の要件を満たしているからです。

(1) 使う場所がATMという制御された環境であり、クライアント（この場合はATM）認証が確実にできる
(2) 使うに当たって、キャッシュカードという「持っているもの」も必要
(3) PINはこの「持っているもの」の所持をしており、かつ、クライアント認証もかかる場所からのみ有効な多要素認証で使う利用者限定トークンとして機能している

これに対してインターネットを介したやりとりでは、(1) も (2) も満たしていません。暗証番号は使っていますが、それは「持参人トークン」（トークンを持ってきた人は有効だと見なす）になってしまっており、猛烈にセキュリティーレベルが下がっています。

この事件の一つの特徴に、NTTドコモ側の身元確認（本人特定事項の確認）が、犯罪収益移転防止法4条1項、同施行規則13条1項1号に基づき、銀行が実施した取引時確認の結果に依拠する形で行っていたことが挙げられます。ところが、依拠するのに使ったプロトコル（電子的な手続き）が銀行の当人認証のレベル（AAL；A-2参照）をきちんと評価していませんでした。もしも銀行から送られてくる情報の中に「4桁PINでのみ認証している」ということが書いてあって、それを検証したならば、到底受け入れることはできなかったでしょう。しかし、NTTドコモと銀行の間の連携プロトコルはそのような表現能力を持っていませんでした。つまりそのプロトコルの連携保証レベル（FAL）も低かったと言えましょう。その結果、NTTドコモ側の身元確認強度（IAL；A-2参

Case report

照）は、法律が想定していたよりも弱くなっていました。

一方の銀行サイドも、NTTドコモからの引き落とし依頼が来た時に使っていたプロトコルには、NTTドコモ側のIALを表す能力がありませんでした（つまり、FALが低い；A-2参照）。そのため、NTTドコモ側の本人確認レベルは高いと信じて口座振替を許してしまっていました。

結局、この事件のあらましは、銀行のAALが低く、銀行とNTTドコモ間で使われたプロトコルのFALも低くこれを検出できず、結果的にNTTドコモのIALも低くなり、口座引き落としプロトコルのFALも低かったために銀行側はNTTドコモの当該口座のIALが低いことを検出できずに起きた事件と言えます。逆に言えば、IAL、AAL、FALを意識していたら起きなかった事件だということです。

2-2-2 認証済みアイデンティティーの情報システム的表現（技術者向け）

認証済みアイデンティティーは、情報システム上では「トークン（token）」や「アサーション（assertion）」と呼ばれる形で表現されます。現在主流なのは、OpenID Connectの「IDトークン」と、SAML認証の「SAML Assertion」といわれる形式です。それぞれ説明します。

認証済みアイデンティティーの表現形式１「IDトークン」

IDトークンは、JSONで表したアイデンティティーに、署名者や署名アルゴリズムなどのメタデータを付加し、全体に電子署名をかけたものです。2014年に正式発行されたOpenID Connect Coreの中で定義されています。2012年頃から頻繁に使われ、トークンの形式はJWTを、署名にはJWS※を使います。

※JSON Web Signature。IETFのRFC7515で定義されています

IDトークンはデータ本体（「ペイロード」という）とヘッダーからなり、データ本体はリスト2-2のような形で表されます。

リスト2-2　IDトークンのデータ本体の情報

```
{
  "iss": "http://server.example.com",
  "sub": "248289761001",
  "aud": "s6BhdRkqt3",
  "nonce": "n-0S6_WzA2Mj",
  "exp": 1311281970,
  "iat": 1311280970,
  "name": "Jane Doe",
  "given_name": "Jane",
  "family_name": "Doe",
  "gender": "female",
  "birthdate": "1998-10-31",
  "email": "janedoe@example.com",
  "picture": "http://example.com/janedoe/me.jpg"
}
```

IDトークンのヘッダーは、署名に用いられる鍵やアルゴリズムなどの情報が含まれます。これもJSON形式になります（リスト2-3）。

リスト2-3　IDトークンのヘッダーの情報

```
{
  "kid": "1e9gdk7",
  "alg": "RS256"
}
```

IDトークンはリスト2-2やリスト2-3で示した情報を含みますが、実際のデータは次に示す変換をした形式になります。まずは、Base64url変換し、「.」(ピリオド) でつなぎます (リスト2-4)。

リスト2-4　Base64url変換し「.」でつないだ例


```
eyJraWQiOiIxZTlnZGs3IiwiYWxnIjoiUlMyNTYifQ.eyJpc3MiOiJodHRwOi8vc2VydmVy
LmV4YW1wbGUuY29tIiwic3ViIjoiMjQ4Mjg5NzYxMDAxIiwiYXVkIjoiczZCaGRSa3F0MyI
sIm5vbmNlIjoibi0wUzZfV3pBMk1qIiwiZXhwIjoxMzExMjgxOTcwLCJpYXQiOjEzMTEyOD
A5NzAsIm5hbWUiOiJKYW5lIERvZSIsImdpdmVuX25hbWUiOiJKYW5lIiwiZmFtaWx5X25hb
WUiOiJEb2UiLCJnZW5kZXIiOiJmZW1hbGUiLCJiaXJ0aGRhdGUiOiIxOTk4LTEwLTMxIiwi
ZW1haWwiOiJqYW5lZG9lQGV4YW1wbGUuY29tIiwicGljdHVyZSI6Imh0dHA6Ly9leGFtcGx
lLmNvbS9qYW5lZG9lL21lLmpwZyJ9
```


これに、電子署名 (この場合は、RS256アルゴリズム) をかけ、その結果のバイナリデータをBase64url変換すると、リスト2-5のようになります。

リスト2-5　電子署名してBase64url変換した例


```
0BqQdtlJ5gmlfzWb9uSmFH77lYcURCfYTbtK8N1F55DxEwqvwFeBhYUweKm_MVIxnSUbIy4
IOWV3Seq3KGBsAFzrDZWEiCMayBNT-IzgJCVuajhANLGm-araorfFAL9tX9fTRRk4NtP3C
LmZf9kbuyHPyunWNpbo6QNrlnzwzm2pYwDmvOOUJo1KUoluJPN91tCDE50qVdzVwu6ZfNE
a85iR0xVlk2HvrCGKlpVhIKp2GVhspZ2FUJRl_pCGkS31DxqeXqt8gofHlIw2kKZyKzAPj-
fqZBMeA_ilIkmEzUa9N_0aiAoMUnlh20jnGkk3toQVvXlIiISB6QfRKw
```


これをさらに「.」で連結したものがIDトークンです (リスト2-6)。

リスト2-6　IDトークンの例


```
eyJraWQiOiIxZTlnZGs3IiwiYWxnIjoiUlMyNTYifQ.eyJpc3MiOiJodHRwOi8vc2Vydm
VyLmV4YW1wbGUuY29tIiwic3ViIjoiMjQ4Mjg5NzYxMDAxIiwiYXVkIjoiczZCaGRSa3F
0MyIsIm5vbmNlIjoibi0wUzZfV3pBMk1qIiwiZXhwIjoxMzExMjgxOTcwLCJpYXQiOjEzM
TEyODA5NzAsIm5hbWUiOiJKYW5lIERvZSIsImdpdmVuX25hbWUiOiJKYW5lIiwiZmFtaWx
5X25hbWUiOiJEb2UiLCJnZW5kZXIiOiJmZW1hbGUiLCJiaXJ0aGRhdGUiOiIxOTk4LTEw
```

```
LTMxIiwiZW1haWwiOiJqYW5lZG9lQGV4YW1wbGUuY29tIiwicGljdHVyZSI6Imh0dHA6L
y9leGFtcGxlLmNvbS9qYW5lZG9lL2lLmpwZyJ9.0BqQdtlJ5gmlfzWb9uSmFH77lYcURC
fYTbtK8N1F55DxEwqvwFeBhYUweKm_MVIxnSUbIy4IOWV3Seq3KGBsAFzrDZWEiCMayBNT-
IzgJCVuajhANLGm-araorfFAL9tX9fTRRk4NtP3CLmZf9kbuyHPyunWNpbo6QNrlnzwzm2p
YwDmvOOUJo1KUoluJPN91tCDE50qVdzVwu6ZfNEa85iROxVlk2HvrCGKlpVhIKp2GVhspZ2
FUJRl_pCGkS31DxqeXqt8gofH1Iw2kKZyKzAPj-fqZBMeA_ilIkmEzUa9N_0aiAoMUnlh2O
jnGkk3toQVvXlIiISB6QfRKw
```

なお、この例ではリスト2-7の検証鍵に対応する署名鍵を用いて署名を計算しました。

リスト2-7　IDトークンの作成に使った署名鍵に対応した検証鍵

```
{
    "kty": "RSA",
    "n": "231erWLlsgU_Dcc76PHMr-JKS6532Kx2wi6K87hNtatnFGz925KAil5GRhr-
KMZf2kz3lz21tuK387NUFKfqwvAHApTKCvc8vH60ywkczspH5pDtkAtP6j8PTAUKaznaDo8
mOSPYnZHfhzpOiWI1Yl6PfgvsTpEhEe1PdOlyTACWfLpIs2ljwYOjLmSktMZUUG7lN_qQyf
aDeRY1b7ln2KVbnJTKE1tVKsEZTHp55481RWP3rjxBAKsvZklhd58zvn2bohNn1rXGweuCo
2cLOkB11SwQL461CPGmW6mdh21G-BCciQJkqanTvieXj30B2oMi2uTNpOFVll2LQw",
    "e": "AQAB"
}
```

認証済みアイデンティティーの表現形式２「SAML Assertion」

SAML Assertionは、2005年に発行されたSecurity Assertion Markup Language 2.0の中で定義されています。IDトークンはJSONを使っていましたが、SAML AssertionはXMLを使って同様のことを実現しています。

SAML AssertionはIDトークンに比べて冗長性が高く、データ容量が大きくなります。また、処理ルールもXML正規化を行ってXML署名を施すなど複雑になるので、ここで詳しくは触れません。特徴としては、IDトークンに比べて自由度が高く、それ故に相互接続が大変になるのと、処理が複雑なのでセキュリティーホールが出やすいという欠点があります。これらを克服するためにIDトークンが設計されたのです。ただ、SAML Assertionは2005年から使われており、多くのエンタープライズシステムでは2014年段階で実装済みであったため、まだ当分は使い続けられると考えられます。

ここでは詳しい生成のルールなどは記述しませんが、先に示したIDトークンに対応する例の一部のみ（全体を書くと長くなります）をリスト2-8に示します。雰囲気を感じてみてください。同じ情報であっても、IDトークンに比べてはるかに長いことが分かると思います。

リスト2-8　SAML Assertionの例

```
<samlp:Response xmlns:samlp="urn:oasis:names:tc:SAML:2.0:protocol" xm
lns:saml="urn:oasis:names:tc:SAML:2.0:assertion" ID="_8e8dc5f69a98c
c4c1ff3427e5ce34606fd672f91e6" Version="2.0" IssueInstant="2014-07-
17T01:01:48Z" Destination="http://sp.example.com/demo1/index.php?acs"
InResponseTo="ONELOGIN_4fee3b046395c4e751011e97f8900b5273d56685">
  <saml:Issuer>http://server.example.com</saml:Issuer>
  <samlp:Status>
    <samlp:StatusCode Value="urn:oasis:names:tc:SAML:2.0:status:Succe
ss"/>
  </samlp:Status>
  <saml:Assertion xmlns:xsi="http://www.w3.org/2001/XMLSchema-instance"
xmlns:xs="http://www.w3.org/2001/XMLSchema" ID="pfx70650026-03c6-cb83-
102b-7cb5f1e4f638" Version="2.0" IssueInstant="2014-07-17T01:01:48Z">
    <saml:Issuer>http://server.example.com</saml:Issuer><ds:Signature
xmlns:ds="http://www.w3.org/2000/09/xmldsig#">
  <ds:SignedInfo><ds:CanonicalizationMethod Algorithm="http://www.
w3.org/2001/10/xml-exc-c14n#"/>
```

```
    <ds:SignatureMethod Algorithm="http://www.w3.org/2000/09/
xmldsig#rsa-sha1"/>
   <ds:Reference URI="#pfx70650026-03c6-cb83-102b-7cb5f1e4f638"><d
s:Transforms><ds:Transform Algorithm="http://www.w3.org/2000/09/
xmldsig#enveloped-signature"/><ds:Transform Algorithm="http://www.
w3.org/2001/10/xml-exc-c14n#"/></ds:Transforms><ds:DigestMethod
Algorithm="http://www.w3.org/2000/09/xmldsig#sha1"/><ds:DigestValue>kaF
YsyGAeen/Z1AQSnOsLd5f34E=</ds:DigestValue></ds:Reference></ds:SignedInf
o><ds:SignatureValue>yElyhytrlmvyLBnDOYbEyRm3h5UxoOMbhmze6MgVRSATvTpHZ2
CuDpZagOtFhGKOu+qazF7UQO8UdM27MghmKHJGAKpxR4zXM/OeRhRnt7kefjoXpI231Pjj4
zKAuBMspONF8ZFmEKWnsSQyDxrxHeg+qF7WBmhyndOGOoYdbB4=</ds:SignatureValue>
<ds:KeyInfo><ds:X509Data><ds:X509Certificate>MIICajCCAdOgAwIBAgIBADANBgk
qhkiG9w0BAQ0FADBSMQswCQYDVQQGEwJ1czETMBEGA1UECAwKQ2FsaWZvcm5pYTEVMBMGA
1UECgwMT25lbG9naW4gSW5jMRcwFQYDVQQDDA5zcC5leGFtcGxlLmNvbTAeFw0xNDA3MTc
xNDEyNTZaFw0xNTA3MTcxNDEyNTZaMFIxCzAJBgNVBAYTAnVzMRMwEQYDVQQIDApDYWxpZm
9ybmlhMRUwEwYDVQQKDAxPbmVsb2dpbiBJbmMxFzAVBgNVBAMMDnNwLmV4YW1wbGUuY29t
MIGfMA0GCSqGSIb3DQEBAQUAA4GNADCBiQKBgQDZx+ON4IUoIWxgukTb1tOiX3bMYzYQiw
WPUNMp+Fq82xoNogso2bykZG0yiJm5o8zv/sd6pGouayMgkx/2FSOdc36T0jGbCHuRSbti
a0PEzNIRtmViMrt3AeoWBidRXmZsxCNLwgIV6dn2WpuE5Az0bHgpZnQxTKFek0BMKU/d8w
IDAQABo1AwTjAdBgNVHQ4EFgQUGHxYqZYyX7cTxKVODVgZwSTdCnwwHwYDVR0jBBgwFoAU
GHxYqZYyX7cTxKVODVgZwSTdCnwwDAYDVR0TBAUwAwEB/zANBgkqhkiG9w0BAQ0FAAOBgQ
ByFOl+hMFICbd3DJfnp2Rgd/dqttsZG/tyhILWvErbio/DEe98mXpowhTkC04ENprOyXi7
ZbUqiicF89uAGytloqgTUCD1VsLahqIcmrzgumNyTwLGWo17WDAa1/usDhetWAMhgzF/Cn
f5ek0nK0OmOYZGyc4LzgDOCROMASTWNg==</ds:X509Certificate></ds:X509Data></
ds:KeyInfo></ds:Signature>
    <saml:Subject>
      <saml:NameID SPNameQualifier="http://sp.example.com/demo1/
metadata.php" Format="urn:oasis:names:tc:SAML:2.0:nameid-
format:transient">248289761001</saml:NameID>
      <saml:SubjectConfirmation Method="urn:oasis:names:tc:SAML:2.0:cm:b
```

```
earer">
        <saml:SubjectConfirmationData NotOnOrAfter="2024-01-
18T06:21:48Z" Recipient="http://sp.example.com/demo1/index.php?acs" InR
esponseTo="ONELOGIN_4fee3b046395c4e751011e97f8900b5273d56685"/>
      </saml:SubjectConfirmation>
    </saml:Subject>
    <saml:Conditions NotBefore="2014-07-17T01:01:18Z"
NotOnOrAfter="2024-01-18T06:21:48Z">
      <saml:AudienceRestriction>
        <saml:Audience>http://sp.example.com/</saml:Audience>
      </saml:AudienceRestriction>
    </saml:Conditions>
    <saml:AuthnStatement AuthnInstant="2014-07-17T01:01:48Z"
SessionNotOnOrAfter="2024-07-17T09:01:48Z" SessionIndex="_be9967abd904d
dcae3c0eb4189adbe3f71e327cf93">
      <saml:AuthnContext>
        <saml:AuthnContextClassRef>urn:oasis:names:tc:SAML:2.0:ac:class
es:Password</saml:AuthnContextClassRef>
      </saml:AuthnContext>
    </saml:AuthnStatement>
    <saml:AttributeStatement>
      <saml:Attribute Name="sub" NameFormat="urn:oasis:names:tc:SAML:2.
0:attrname-format:basic">
        <saml:AttributeValue xsi:type="xs:string">248289761001</
saml:AttributeValue>
      </saml:Attribute>
      <saml:Attribute Name="name" NameFormat="urn:oasis:names:tc:SAML:2
.0:attrname-format:basic">
        <saml:AttributeValue xsi:type="xs:string">Jane Doe</
saml:AttributeValue>
```

```
        </saml:Attribute>
        <saml:Attribute Name="givenName" NameFormat="urn:oasis:names:tc:S
AML:2.0:attrname-format:basic">
          <saml:AttributeValue xsi:type="xs:string">Jane</
saml:AttributeValue>
        </saml:Attribute>
        <saml:Attribute Name="familyName" NameFormat="urn:oasis:names:tc:
SAML:2.0:attrname-format:basic">
          <saml:AttributeValue xsi:type="xs:string">Doe</
saml:AttributeValue>
        </saml:Attribute>
        <saml:Attribute Name="gender" NameFormat="urn:oasis:names:tc:SAML
:2.0:attrname-format:basic">
          <saml:AttributeValue xsi:type="xs:string">female</
saml:AttributeValue>
        </saml:Attribute>

（中略）

      </saml:AttributeStatement>
    </saml:Assertion>
</samlp:Response>
```

2-3 狭義のアイデンティティー管理

2-3-1 アイデンティティー管理ライフサイクル

認証済みアイデンティティーは、エンティティーからもらった情報とアイデンティティーレジスターに収納されている情報を突合した上で作成します。ここで重要なのは、アイデンティティーレジスターの内容を正確に保つことで、そのためにはライフサイクル管理をしなければなりません。このアイデンティティーレジスターのライフサイクル管理を「狭義のアイデンティティー管理」と言います。

ライフサイクルをモデル化したものが、「ISO/IEC 24760-1 アイデンティティー管理フレームワーク：パート1」に示されています（**図表2-3**）。

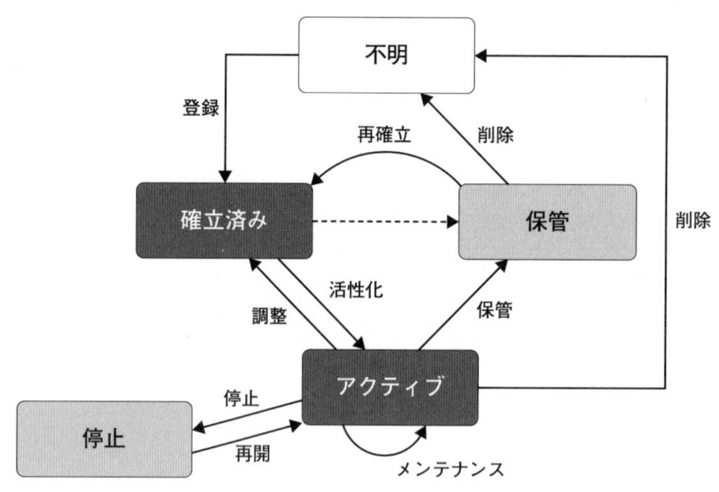

図表2-3　アイデンティティーライフサイクル
出所：ISO/IEC 24760-1 Figure 1 を基に筆者

この図には５つの「状態」（「不明」「確立済み」「アクティブ」「停止」「保管」）と、状態間を遷移する９つの「プロセス」（「登録」「活性化」「メンテナンス」「調整」「停止」「再開」「保管」「削除」「再確立」）があります。

アイデンティティーライフサイクルの５つの「状態」

「不明」とは、アイデンティティーレジスターに何の情報もなく、当該エンティティーを識別することができない状態です。

「確立済み」とは、登録プロセスの中で必要な情報が確認され、対象エンティティーのための識別子など、付加的な情報が生成され、アイデンティティーレジスターに登録された状態です。

「アクティブ」とは、アイデンティティー情報がアイデンティティーレジスターに存在し、当該エンティティーがそれを使って対象となるリソースの利用が可能な状態です。

「停止」とは、アイデンティティー情報はアイデンティティーレジスターに存在するが、対応するエンティティーはリソース利用を否定される状態です。

「保管」とは、アイデンティティーレジスターに当該アイデンティティー情報は存在するが、通常利用はできなくなった状態です。後述する「再確立」プロセスでこの情報を使うことができます。また、監査などの目的で使われることもありますが、通常のアクセスはできません。

次に、アイデンティティーライフサイクルのプロセスを説明します。

2-3-2 「登録」プロセス

「登録」は、アイデンティティー検証[※1]をし、確認ないしは生成されたアイデンティティー情報をアイデンティティーレジスターに登録する処理です。例えば、「マイナンバーカードを使って、その個人の氏名・生年月日・

住所を確認し、これらの属性をアイデンティティーレジスターに登録する」といったことが当たります※2。通常、ここでそのエンティティーを識別するユニークな識別子（参照識別子；Reference Identifier）を生成し、同時に登録します。

※1 アイデンティティー検証は日本語で「本人確認」といいますが、英語には「本人確認」という言葉はありません。これに対応する英語は「Identity Proofing（アイデンティティー検証）」ないしは「Initial Authentication（初期認証）」です

※2 確認・登録を行う係のことを「登録局（Registration Authority；略称「RA」）」と呼びます

伝統的なエンタープライズ・アイデンティティー管理では、登録処理を1回で行うことが多かったですが、顧客向けアイデンティティー管理では、小分けにして徐々に行っていくのが良いとされています。そうすることによって「登録」時のユーザーの負担を減らすだけでなく、「登録」前からカスタマイズされたユーザー体験（UX）を提供できるからです。

登録対象が人であれば個人の属性の集合（＝個人のアイデンティティー）を確認しますし、対象がデバイスであればデバイスの属性の集合（＝デバイスアイデンティティー）を確認します。重要なことは、まず確認の対象となる属性を決めなければいけないということです。

例えば、日本で本人確認する場合、よくあるのは「氏名、性別、生年月日、住所」という4つの属性を確認することです。ただ、必要とされる属性は場面によって変わります。例えば、メールアドレスだけが分かれば十分な場合もありますし、一部の金融機関では運転免許証の番号を重視しています。また、「停止」「再開」などを考えたとき、そうした場面で使う属性も重要です。例えば、再開時にSMSで情報を送るなら、それに使う電話番号を確認しておくことが必要になります。

ここまでを踏まえると、人が対象の場合の「登録」プロセスでは、以下6つのステップが必要です。

ステップ１　目的のためにどの属性が必要かを明らかにする
ステップ２　属性の値を確認するための証拠を集め、検証と確認をする
ステップ３　当該アイデンティティー（属性の集合）と、その人の肉体が結びついていることを確認する
ステップ４　他に当該アイデンティティーを使っている人がいないことを確認する
ステップ５　当該アイデンティティーが使われ続けていることを確認する
ステップ６　確認済みアイデンティティーを登録する

ニュージーランドのEvidence of Identity標準でも、欧州のeIDASの評価基準でも、おおむねこのようになっています。以下、この６つのステップを順に説明します。

ステップ１　目的のためにどの属性が必要かを明らかにする

目的のためにどの属性が必要かを明らかにするには、次の２つの観点が必要です。

(a)　唯一性：当該コンテキスト内で継続的に他者と区別し続けられること
(b)　クリアランス：当該業務の目的に沿った処理を効果的にできること（基本は、バックエンドのデータベースのキー項目と、アイデンティティーライフサイクル上での処理に用いられる属性）

銀行口座の開設で考えてみましょう。銀行口座を開設する際、「マネーロンダリング／テロ資金供与防止のために、口座開設希望者が犯罪者やテロリストでないことを確認する」ことが求められます。このために犯罪収益移転防止法では**図表2-4**の確認を要求しています。

(a) 唯一性
・本人特定事項
　自然人にあっては氏名、住居及び生年月日をいい、法人にあっては名称及び本店または主たる事務所の所在地をいう（犯罪収益移転防止法第四条第一項第一号）

(b) クリアランス
・取引を行う目的
・職業（自然人）又は事業の内容（法人・人格のない社団又は財団）
・実質的支配者（法人）
・資産及び収入の状況
・外国PEP該当性

図表 2-4　犯罪収益移転防止法で確認を求めている項目
出所：筆者

図表2-4を詳しく見ていきましょう。まず (a) 唯一性ですが、日本では伝統的に「氏名、住居、性別、生年月日」の基本4情報で当該個人を特定してきました。**図表2-4**の「本人特定事項」もそれを踏襲しています。しかし、マイナンバーや法人番号がある今となっては、本来マイナンバーや法人番号と、それにひも付いた認証手段の確認だけで足りるはずです。一方で、苗字は養子縁組や婚姻で変えられますし、住所も引っ越せばよいので変えられます。つまり、「継続的」という観点では基本4情報では難があります。ですので、ここは本来再考されるべきところでしょう。

本人特定事項になっている「住居」は、当該個人ないし法人への物理的到達性の確保手段として重要ですので、本来は (b) クリアランスに入れて、実際に到達確認することが必要になると考えられます。同様に、行政手続きにおいてはどの市町村に居住しているか、何年生まれかなどが、サービスや補助の提供に当たっての資格条件となっています。また、住民票住所は訴状の送付先として重要です。住民票住所に内容証明郵便を投函すれば、受け取られたかどうかに関わらず送達されたと見なされるからです。住居は唯一性を確保するための属性ではなく、クリアランスの属性と考えるべきです。

次に（b）クリアランスですが、これは当該業務の目的に沿って必要な属性です。**図表2-4**はマネーロンダリングやテロ資金供与を検出するのに最低限必要と思われるものがリストされていますが、これ以外にも有用なものを取得してもよいと思われます。例えば米国の法律では、その口座にどこから入金がある予定か、どこに出金する予定があるか、どのようなパターンで入出金が行われる予定であるかなども、検討することが求められています。

ステップ2　属性の値を確認するための証拠を集め（collection）、検証（verification）と確認（validation）をする

どの属性を集めるかが決まったとして、申請者が申請した属性値をそのまま信じるわけにはいきません。その属性値を証明するための証拠（アイデンティティー証拠；Identity Evidence）を、必要な信頼度に到達するまで集め続け（属性集約；Attribute Aggregation）、検証と確認を続けることが必要です。

必要なことは、「証拠集め（collection）」「検証（verification）」「確認（validation）」の３点です。

「証拠集め（collection）」の伝統的な方法は、書面による証拠を集めて検証するスタイルです。免許証やマイナンバーカードの確認がそれに当たります。何をアイデンティティー証拠として採用するかは、場面に応じて吟味する必要があります。法律上の要請に基づく「本人確認」であれば、もちろんその法律が認める方法を採らなければなりません。一方で、法律が認めていても、自社のリスク管理の観点からは、そのアイデンティティー証拠の成立の過程を見ることによって不採用とすべきケースも往々にしてあります。

こうして集められる証拠には、「権威的源泉からの証拠」と「副次的源泉か

らの証拠」の２種類があります。

「権威的源泉」というのは、その情報のおおもとのことです。住民票住所であれば、各市町村が管理する住民基本台帳が権威的源泉であり、そこが発行する住民票やマイナンバーカードなどが証拠になります。

「副次的源泉」というのは、情報のおおもと以外を指します。おおもとではないので、古くなっていたり、手違いによって間違っていたりすることもあります。例えば、住民票住所に関して言えば、自動車運転免許証は副次的源泉です。住民票を移しても、リアルタイムで免許証の住所が変わるわけではありません。銀行の残高証明書の場合、氏名は副次的源泉、口座番号と口座残高は権威的源泉になります。

このように考えると、権威的源泉が１カ所になることはありません。私たちが住んでいる世界では、権威的源泉は必然的に分散します。したがって、アイデンティティー属性を取り扱うシステムも、一般的には分散アイデンティティーに対応している必要があります。

アイデンティティー証拠の発行者は多くの場合その正確性の証明方法を明示しています。例えば、署名アルゴリズム、署名検証用の鍵とその鍵の有効性を確認する方法などです。電子パスポートに入っている情報は、これらを使って検証できます。一方で、それが確認できない証拠の場合には、副次的証拠として扱わざるを得ず、信頼度は一段低いものとなります。このような場合、複数の独立した副次的証拠を集めることによって、そこに含まれた情報が正しいものである確率を上げていくというアプローチが採られます。

一方で、肉体に結びつけられたアイデンティティー証拠が全く無い人もいます。そもそも、最初のアイデンティティー証拠の作成時、誰もそのような証拠はありません。産まれた時に出生証明書が発行されたり戸籍に登録されたりしますが、その時の顔写真がたとえあったとしても、大人になった顔とのリンクはできませんよね。

このような場合には、信頼できると考えられる登録済みの人「アイデンティティー審判（Identity Referee）」が、「この人は山田花子という名前であるということを自分は過去２年間知っていた」というようなことを写真の裏に記述・署名することによって、出生証明書や戸籍の情報と肉体の情報をリンクします。

アイデンティティー審判は当該個人を最低２年間知っており、身元確認済みであることが必要で、できれば公務員などの公の職についていることが望ましいとされます。署名も登録済みである必要があります。日本にはこのような制度はありませんが、日本で実施する場合には印鑑証明を利用するのかもしれません。もし虚偽の署名をした場合には文書偽造罪に問われることになり、これがトラストの源泉となります。

次に「検証（verification）」です。ここでの検証対象は、受け取った証拠が正しい発行元から来ているか、改ざんされていないか、値の範囲が正しいかなどです。書面で検証するときには、認められた発行者によるものか、書面についているホログラムが正しいか、改ざんの跡が無いかなどを対象とします。これがどのくらいの信頼性をもってできるかというのは、その書面に対して施されている技術的対策に依存します。

この点では、日本で最も証拠としてよく使われている（と思われる）自動車運転免許証の券面は非常に不利です。券面に偽造防止印刷もホログラムも無いからです。信頼性を高めようとすると、透かしの位置とICチップの位置を確認するようなことが考えられますが、それらをやったとしても、スキルの高い犯罪集団が偽造したものを見抜くのは難しいと思われます。マイナンバーカードの券面は若干改善されていますが、これも十分突破可能であると考えられます。

本来ならICチップの中身を見て検証すればいいのですが（比較的容易でありながら、偽造するのは極めて困難なので）、ICチップの中身を見るには暗証番号が必要です。ただ残念なことに免許証はほとんどの人が暗証番号を覚えていないため使用できないのです。

このような場合に推奨されるのは、その証明書の発行元に、その書面に書いてある情報の正確性を問い合わせることです。問い合わせの結果、券面に記載してあるのと同じ情報が返ってくれば、その書面は偽造でない可能性が高まります。米国の一部の州では実際にこうして券面表示事項の正確性の確認ができます。

自動車運転免許証の他、パスポートやマイナンバーカードがあります。パスポートは暗証番号が必要ないので使いやすいのですが、持っている人は平成30年末時点で約2,998万人※と４人に１人程度で普及率が低いという問題点があります。マイナンバーカードも券面表示事項はパスワード無しに署名付きで検証することができるので期待が持たれていますが、まだ普及発展途上で、普及率は2021年5月5日時点で3,814万6,771枚となり、交付率30%となっています。

※https://www.mofa.go.jp/mofaj/press/release/press4_007091.html

最後は「確認（validation）」です。これは、証拠の検証ができた上で、その内容が依然として有効であることの確認を指します。例えば、運転免許証を落としてしまったので本人が無効申請していれば、証拠として使った運転免許証は無効になってしまいます。また、引っ越した場合、運転免許証は依然として有効ですが、少なくとも住所は無効になっています。

証拠調べにおいては、このような「確認」も行うことが国際的には標準的な手続きとされています。これに引き戻して考えるならば、運転免許証はそもそも氏名・生年月日・住所に関しては副次的源泉でしかなく、検証もできず、その上「確認」できませんから、証拠としては弱いのです。日本の公的証明書類のうち、現状、民間企業がオンラインで確認できるのは、マイナンバーカードに含まれる公的個人認証の署名用証明書※に限られるように思われます。

※券面表示事項と異なり、パスワードが必要です

なお、この「確認」プロセスには様々な形態があります。例えば、メールアドレスの場合ならそこに確認用のリンクを送る、電話番号であればSMSに確認用リンクを送る※などです。また、住所に関して言えば、転送不要郵便を送り、その中に書いてあるPINをWebサイトから入力させるということが行われます。金融機関などが免許証を見た後に圧着はがきで記載されていた住所に転送不要郵便を送ってくるのは、この「確認」の意味があるのです。

※ただし、SMSは転送されることもありますので注意が必要です

さて、ここまでは対面でもリモートであっても共通の手続きです。リモートでは、多くの国で追加の要件があります。例えば、１種類の証拠ではなく２種類を要求する、時間をおいて再確認する、申請者が使ってこなかった経路を使って確認するなどです。

リモートでの証拠収集、検証、確認の方式は、国ごとに様々なものが使われています。欧州委員会が2019年に取りまとめた方式には、以下の７つがあります。

(1) クロスチャンネルの手続き（リモート申請と対面による識別）
(2) 強化されたKYC（Know Your Customer；顧客確認）対策に基づくリモートオンボーディング（電子署名の有無に関わらず）
(3) ビデオ会議と生体認証（オプション）を使用した完全なリモートオンボーディング
(4) 自撮りと生体認証でサポートされた完全なリモートオンボーディング
(5) トラストサービスプロバイダーのオペレーションへの信頼に依拠する

完全リモートオンボーディング

(6) デジタルIDを使用した完全遠隔地でのオンボーディング

(7) 電子ウォレットを利用した電子商取引で採用された遠隔地でのオンボーディング手続き

日本では、完全リモートの確認方式として、改正犯罪収益移転防止法施行規則（令和二年七月十日施行）の第６条のホに規定されている方式があります。これは (2) に近いですが、(2) で要求されている権威的源泉のデータとアップロードされた証明書の情報のクロスチェックなどが無いので、これよりもレベルは低くなっています。

ステップ３　当該アイデンティティー（属性の集合）と、その人の肉体が結びついていることを確認する

前のステップで、申請された属性値が正しいことは確認されました。しかし、この属性の集合と、申請者の肉体との間の関係性の強さはまだ証明されていません。これを行うのがこのステップです。

主流の方式には、「研修を受け経験を積んだ職員による、申請者から取得した生体情報とアイデンティティーに含まれる生体情報の比較」と「生体認証（バイオメトリクス認証）」があります。

前者の「職員による比較確認」をリモートで行う場合、ビデオ会議や写真を使うことになりますが、それら生体情報を取得するには、銀行や政府機関が提供する制御された環境下（例えば、専用ブース）と、制御されていない環境（例えばスマートフォンの利用）があります。

制御されている環境かどうかの違いは、いわゆる「プレゼンテーション・アタック」と呼ばれる、不正な生体情報の提供に対する耐性です。制御下にある場合、制御下にない場合に比べて攻撃の成功確率は低くなります。制御下ではない場合、例えばスマートフォンのカメラの能力などに依存しますし、

Deep Fake※のようなものがより利用しやすくなることにより、職員をだますことがより容易になってくることが想定されます。今後の技術的対策の開発が急務となっています。

※ ディープラーニング（AI技術の一種）を使い、顔画像を入れ替える技術。肉眼では、ほとんど区別がつかないレベルで対象者の顔を使ったビデオをリアルタイムで作ることができます

「生体認証（バイオメトリクス認証）」は、生体情報の確認を機械が行います。すでに技術的には人が行うよりも精度が高くなってきているとの指摘もあります。プレゼンテーション・アタックについては、職員による確認に準じます。

ステップ４　他に当該アイデンティティーを使っている人がいないことを確認する

このステップでは、他に当該アイデンティティーを使っている人がいないことをチェックします。最もよく行われる方法は、生体情報をキーにしてアイデンティティーレジスターを検索し、過去にその生体情報を使った別人としての登録がないかを確認することです。これによって、１人の人間が複数の人になりすまして活動することを防げます。

このステップのチェックを実施していなかったために起きた事例として、ニュージーランドにおける年金の多重取得が有名です。この事例は、犯人がまだ年金を申請していない複数人になりすまし、複数人分の年金を詐取していたのです。

銀行などでも、ホームレスの方の情報を買い取ったり、行方不明の方になりすましたりして、複数の銀行口座を開き、資金洗浄や振り込め詐欺などに利用することが考えられます。こうした攻撃は、このステップのチェックによってある程度防ぐことができます。さらに、意図しない多重登録を防ぐなどの効果があります。後者に関しては生体情報の登録を行わない場合でも、例えば携帯電話番号やメールアドレスのチェックなどで検出することができ

ます。

ステップ5　当該アイデンティティーが使われ続けていることを確認する

このステップでは、当該アイデンティティーがその証拠に由来するコンテキストの中で、実際に使われ続けていることをチェックします。なぜこのチェックを実施するかと言えば、ある程度の期間以上使われているアイデンティティーは、直近突然使われるようになったアイデンティティーよりも信頼度が高いと考えられるからです。犯罪者からすると、当該アイデンティティーを長期間使い続けるのはコスト負担が重く、発見されるリスクも増大するからです。

昨今、大きな問題になっている攻撃にSIMスワップ攻撃があります。これは、「携帯電話を紛失した」などと携帯電話会社に申請し、SIMカードの再発行を申し込んでSIMカードを詐取し、攻撃者の携帯電話に差し、銀行がSMSで送ってくるワンタイムパスワードを使って送金などを行う犯罪です。

この攻撃の検出方法としては、当該SIMカードがいつから契約されているのか、その携帯電話にいつから挿入してあるのかなどの情報を基に判定することが考えられます。つまり、そのSIMというアイデンティティーがどのくらいの期間継続的に使われ続けているかを確認するのです。実際、米国の一部の銀行では、携帯電話会社と契約してこの情報を取得し、口座名義人の保護に使っています。

また、ニュージーランドの政府基準においては、運転免許証は属性確認のための証拠としては採用されておらず※、「アイデンティティーが使われ続けていること」の確認用途に利用しています。

※副次的証拠でしかないためです

ステップ6　確認済みアイデンティティーを登録する

こうして「アイデンティティー確認」が済んだら、当該アイデンティティーをアイデンティティーレジスターに登録します。アイデンティティーレジスターへの登録が終わると、当該アイデンティティーは「確立済み(registered)」状態になります。

事例 SBI証券不正出金事件／偽造証明書による口座開設

Case report

2020年秋口に発覚したSBI証券不正出金事件は、SBI証券口座の出金先銀行口座を、偽造身分証明書を使って開設したゆうちょ銀行および三菱UFJ銀行の口座へと変更し、当該口座に9,864万円が出金されたという事件です。

証券口座は伝統的にユーザビリティーを重視し、比較的弱いクレデンシャルでのログインを許容してきました。売買のタイミングが遅れる方が不正ログインのリスクよりも高いという判断からです。

一方の出金は、銀行口座の開設に当たっては厳密な身元確認が行われていて、他人が開設できないという前提のもとで、同一名義の銀行口座にしか出金できないようにしてセキュリティーを確保していました。結果、不正ログインしても、口座内での売買を通じたポートフォリオのリバランスしかできないというのが建前でした。

しかし、SBI証券不正出金事件では、この「銀行口座の開設に当たっては厳密な身元確認が行われていて、他人が開設することはできないという前提」が崩れてしまっていました。具体的には、保険証などの偽造身分証明書で、ゆうちょ銀行と三菱UFJ銀行の口座が、恐らく窓口で通常の手続きに従って作成されてしまっていたのです。

ここで指摘されるべきは、まず「保険証」は身元確認書類としては全く不適であるということです。写真もありませんし、多くの種類があり、

Case report

その正当性を確認するのは極めて困難です。

運転免許証の券面確認でも同じことが言えます。運転免許証の券面には顕著な偽造防止印刷はされていませんし、出回っている偽造免許証には透かしもICチップも埋め込まれています。ICチップの位置や厚みで検証するのは難しいでしょう。記載されている「住所」に転送不要郵便で郵便物を送ったところで、攻撃者の居所に送ることになるだけですから意味がありません。本人確認郵便で送ったとしても、窓口がだまされたのと同じように偽造した証明書を提示してだまされてしまうことは容易に想像されます。

現状では、ICチップの中を読み出して発行者の電子署名を確認するしかありません。しかし、これも多くの人が読み出しに必要な暗証番号を忘れてしまっているため実施不能でしょう。また、これをしたところで、その運転免許証が失効していないか、住所が変わっていないかなどは分かりません。

もう一つの方法は、諸外国で行われているように、一定の許可を受けた事業者は、発行者に対してその情報の内容を問い合わせることができるようにすることですが、残念ながら日本ではこれはできません。結局日本において現状行われている身元確認は比較的脆弱と言えるのです。

例外はマイナンバーカードの券面表示事項の確認ないしは公的個人認証を使う方式です。後者だと、その情報の内容が現在も有効であるかどうかまで確認できます。マイナンバーカードの普及が望まれる背景にはこうしたこともあるのです。

2-3-3 「活性化」プロセス

「活性化」は、当該エンティティーが対象リソースにアクセスできるようにするための情報を、アイデンティティーレジスターに付加する処理です。ワンタイムパスワード発行機の受け取り確認情報の登録や、パスワードの登録などが含まれます。アカウントのアクティベーション（Account Activation）と言った方が身近かもしれません。

消費者向けのWebサイトに登録するとき、記入したメールにリンクが送られてきて、それをクリックしないとログインできるようにならないのも「活性化」の例です（Identity Proofingの一環でもあります）。銀行から送られてきたワンタイムパスワードのトークンを有効化するのに、指定された番号に電話をして活性化番号を入れるという作業も活性化の一例です。

活性化は、場合によっては「登録」と一緒に行われることもあります。その場合、明示的な「活性化」プロセスはなくなってしまいます。

2-3-4 「メンテナンス」「調整」プロセス

「メンテナンス」は、アイデンティティーレジスターに収録されているエンティティー情報を更新する処理です。電話番号の更新、あるいはよく行く都市の情報などが含まれます。「調整」は、「メンテナンス」と似ていますが、対象が異なります。アイデンティティーレジスターに収録されているエンティティー情報の更新のうち、その変更が対象エンティティーの活性に影響を及ぼすものだけが対象になります。多くの国では住所はエンティティー活性には影響を及ぼしませんが、日本の公的個人認証の署名用証明書の場合には影響を及ぼしますので、この場合は住所の変更は「調整」に当たることになります。

静的な属性だけがアイデンティティーレジスターに登録されているのであ

れば、メンテナンスは不要になりますが、氏名、住所、電話番号、使用している機器の情報などが含まれる場合、これらを常に最新の状態に保つ必要があります。

実務上でメンテナンスの状態が最も重要視されるのは、金融機関におけるKYC／AML（マネーロンダリング対策）規制への準拠のための運用でしょう。金融機関は、FATF（Financial Action Task Force）の要請によって、顧客の状況を知り続ける（KYC；Know Your Customer）必要があります。これには、住所などの当該顧客の情報を常に最新に保つ（＝アイデンティティーのメンテナンスをし続ける）ことを含みます。

実は、日本の銀行はこの面が弱いと以前から指摘されています。住所や名前が変更されても、これに追随できていないからです。これに比べると、クレジットカードは３年に１回本人限定郵便で更新カードを送っているので、住所に関してはメンテナンスが効いているといわれます。

アイデンティティー情報のメンテナンスが適切にできていないと、これらの情報を使ったもろもろの処理がうまくいかなくなります。例えば、当該個人がオンラインバンキングに使うワンタイムパスワード生成器をなくしてしまったとします。再発行するには、多くの場合登録住所に新しいものを送りますが、住所が変わっているとスムーズにいかなくなります。

攻撃者が「メンテナンス」処理を悪用すると、もっと重篤な問題が起きる可能性があります。例えば、攻撃者が、登録住所を自分のアクセスできる住所に変更してしまったとしましょう。すると、ワンタイムパスワード生成器の再発行を更新後の住所で受けることによって、当該口座にアクセスできるようになってしまいます。メールアドレスを変更し、新メールアドレスにパスワードリセット用のリンクを送らせるなどというのもこの類型です。米国で最近よく見られるSIMスワップ攻撃もこの類型の一つと言えるでしょう。

2-3-5 「停止」「再開」プロセス

「停止」はアイデンティティーレジスターに登録されている一部（または全部）の情報に対するアクセスを停止する処理です。これによって、当該アイデンティティーを使ったリソースアクセスができなくなります。停止が必要になるのは、例えばクレジットカードなら、支払いが滞っているとか、カードを落とした時などです。

停止をしたら、「再開」を考えなければなりません。この再開の処理がいいかげんだと、攻撃者につけ込まれます。多くの場合、「登録」遷移プロセスのアイデンティティー検証（Identity Proofing）に準ずるような処理を入れて再開することになります。

2-3-6 「保管」「削除」「再確立」プロセス

「保管」は、当該エンティティーの情報を変更して通常利用をできなくし、統計処理や監査などの目的および「再確立」のみに使えるようにする処理です。通常は、一部の情報をアイデンティティーレジスターから削除し、その部分の情報を別で持っているエンティティーしかアクセスできないようにします。法律で一定期間の保存が求められているような場合は、これに当たります。

「削除」は、保存してあったアイデンティティー情報を完全に削除してしまう処理です。アクティブな状態からいきなり削除して不明状態に戻すケースもありますが、通常は法律上の要請などもあり、一旦「保管」状態にしてから削除します。

「再確立」は、「登録」と同様の遷移プロセスですが、それに使う情報の一部は、「保管」状態にあるデータを利用します。

2-4　認証方式の変遷

ここまでで、アイデンティティーレジスターの中身の管理である「狭義のアイデンティティー管理」がどういうものかを説明しました。ここからは、一般に「認証」（正確には「認証済みアイデンティティーの作成」）と呼ばれる方法の歴史的な変遷を説明します。

2-4-1　システムごとのアイデンティティー管理

第1章で述べたように、コンピューターシステム上のアイデンティティー管理は、MIT（マサチューセッツ工科大学）のCTSS（タイムシェアリングシステム）(1961) における、ユーザーごとのパスワード設定を用いたアクセス制御に端を発します。この場合、アイデンティティー管理は当該コンピューターシステムに閉じられたものでありアイデンティティーレジスター（IR）はシステムごとに配備されます（**図表2-5**）。

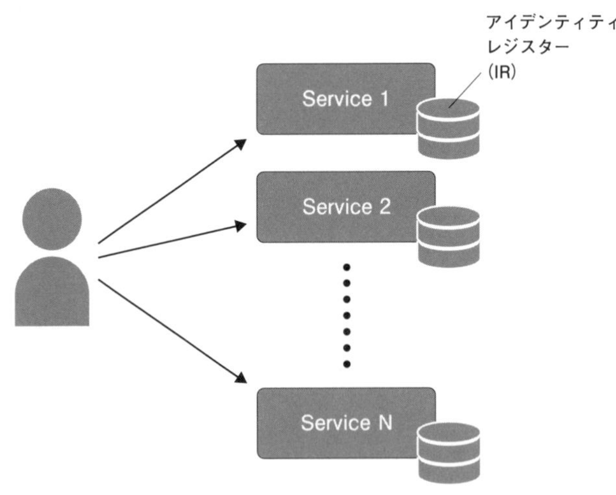

図表 2-5　システムごとのアイデンティティー管理
出所：筆者

非常に単純な形であり実装も容易ですが、複数システムで同じアイデンティティーを取り扱う場合、アイデンティティーレジスターの複製が必要となり、システム管理面でもユーザー体験の上でも無駄が多くなります。

2-4-2 共有アイデンティティー

先の「複製問題」を解決する一番簡単な方法は、複数システムでアイデンティティーレジスター(IR)を共有することです(**図表2-6**)。複数のシステムがユーザー名・パスワード欄を持ち、同じ値を入れさせる場合、この形態が多いです。現在、LDAPサーバーをバックエンドにする場合、この方法が使われています。

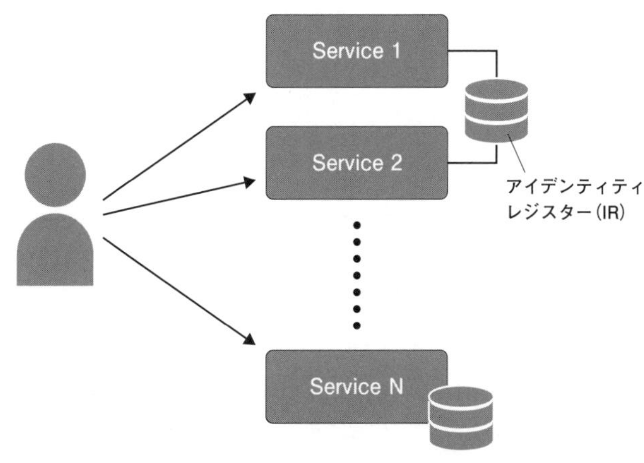

図表 2-6 複数システムでアイデンティティーを共有
出所：筆者

この方法の問題は、1つのアプリケーションサービスにログインできれば、IRを共有しているすべてのサービスにログインできてしまう点です。すべてのアプリケーションサービスが善意で動いていないと成り立たない方法で、一番セキュリティーレベルの低いサーバーが攻撃者の侵入を許すと、その被害が全体に広がってしまうモデルなのです。

2-4-3 アイデンティティー連携

共有アイデンティティーの問題を解決するには、**図表2-7**のようにアイデンティティーレジスターをフロントエンドに持ってきて、ユーザー認証はそこで済ませてしまい、認証結果のみを各アプリケーションサービスに渡せばよいです。このとき、ユーザー認証を行うサービス（ここに「アイデンティティーレジスター」がある）のことを、アイデンティティープロバイダー（IdP）と呼びます。

この方式だと、パスワードなどはアイデンティティープロバイダー（IdP）にしか存在しないので、アイデンティティープロバイダー（IdP）のみを強固に守ればよく防御が容易になります。ユーザー視点でも、管理しなければならないパスワードが少なくなり、サービス間のシングル・サイン・オンも可能になります。

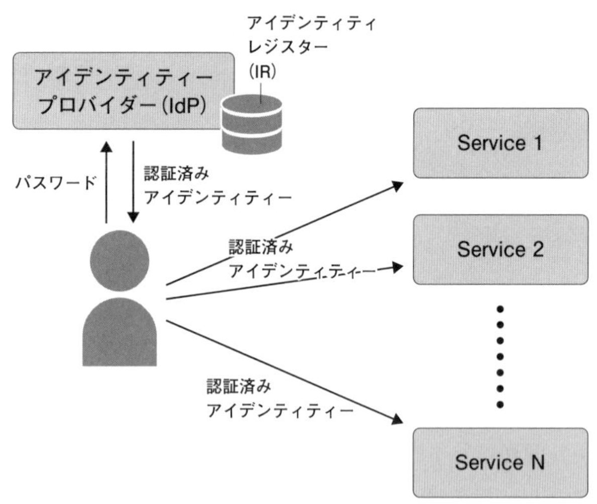

図表 2-7　アイデンティティー連携
出所：筆者

この方式の実装プロトコルには「OpenID Connect」「SAML 2.0」「WS-Trust」「Kerberos」などがあります。これらのうち、筆者が筆頭著者となっている「OpenID Connect」を例に取って、第3章で詳細を説明します。

各アプリケーションサービスは、アイデンティティープロバイダーから認証結果である「認証済みアイデンティティー」を受け取り、その内容を検証してユーザーをログインさせます。これが有効に働くためには、認証済みアイデンティティーに次のような情報が直接・間接的に書いてある必要があります。

- 発行者は誰か
- いつ発行されたものか
- 当該ユーザーの識別子
- どのようにユーザーが身元確認されたか
- どのようにユーザーが認証されたか
- 誰宛てに発行されたか
- 有効期限
- その他の属性
- 発行者による署名

認証済みアイデンティティーを受け取った側のアプリケーションサービスは、以下に示す項目を確認し、すべてOKであれば受け入れることになります。

- その発行者が意図された発行者であるか
- それは自分宛てに発行されたものであるか
- 発行時点が想定範囲内か
- 戻ってきたユーザーの識別子は想定したものと合致しているか
- 身元確認の方法は当該サービスにとって十分か
- ユーザー認証のレベルは当該サービスにとって十分か
- その認証済みアイデンティティーの期限は切れていないか

- 必要な属性が必要な信頼レベルで含まれているか
- 発行者の署名が正しいか

自分宛てに発行されたものかどうかが書いてありますので、受け取った認証済みアイデンティティーを他のサイトに対して再送付（リプレイ）してもすぐに見つかってしまい意味がありません。

こうしたことを含めて、認証要求から認証応答の受け取り、検証までの一連のプロセスの信頼度を表すものが、「連携保証レベル（FAL；Federation Assurance Level）」です。

サービス連携に当たっては、連携保証レベルのチェックがとても大切です。前述の「ドコモ口座事件」は、連携保証レベルのチェックが甘かった事例としても見ることができます。

2-4-4　非集中アイデンティティー

ここまで、認証済みアイデンティティーは1つのアイデンティティーレジスターから生成されるように書いてきましたが、実際は、認証済みアイデンティティーのすべての情報が1つのアイデンティティーレジスターの情報からのみ構成される必然性はありません。これは、私たちの実世界での生活を思い浮かべれば明らかです。例えば、大学の卒業証明は大学が管理し、雇用の証明は雇用者が管理し、市民である証明は市役所が管理しています。多くの権威的データ源（Authoritative Sources）があるのは明らかであろうと思います。

そこで登場するのが「非集中アイデンティティー（Decentralized Identity）」を明示的に取り込むフレームワークです（**図表2-8**）。

図表2-8では、これまで属性を提供していたアイデンティティープロバイ

ダー（図中のC）の他に「属性（Claims）プロバイダー（CP）」（図中のA、B）が複数明示的に出てきている点に注意してください。実は、属性プロバイダー（CP）はアイデンティティープロバイダー（IdP）の一種です。そもそもアイデンティティーは属性の集合ですから、アイデンティティープロバイダーは属性プロバイダーの一種だと言った方が正確かもしれません。

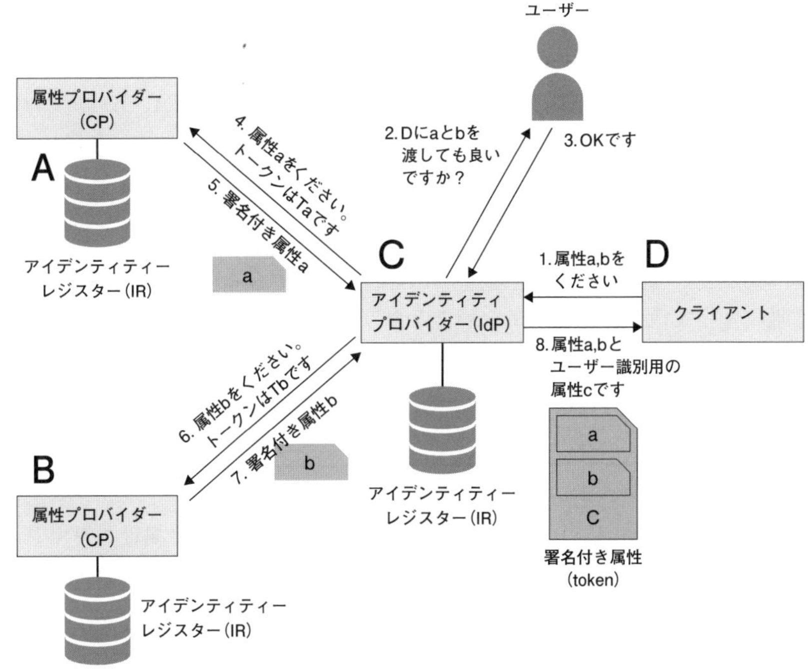

図表 2-8　非集中アイデンティティー（集約属性モード）
出所：筆者

また、AとCの関係は、アイデンティティープロバイダー（IdP）とクライアントの関係になっています。つまり、**図表2-8**では、「IdP－クライアント」という関係が「A－C」「B－C」「C－D」の3つあるのです。

このような構成で、Cだけをアイデンティティープロバイダー（IdP）と呼び、AとBを属性プロバイダー（CP）と呼ぶのは、最終的なクライアントであるDの立場から見ているからです。Dからすると、当該ユーザーを識別するためのユーザー認証はCが提供しています。アイデンティティープロバイダー（IdP）とは、クライアントに対してユーザーを識別するための識別子を提供する特別な属性プロバイダーなのです。

集約属性モードでは、このアイデンティティープロバイダー（C）が中心となって、各種属性プロバイダー（A、B）から必要な属性（a、b）を署名付きで集めてきて、自らが権威的源泉である属性（c）を併せたものに署名を付けてクライアント（D）に渡します。属性プロバイダー（A、B）が発行する署名付き属性には、CがD向けに発行したユーザーの識別子、ないしはCとDの間の今回のセッションを表す識別子のどちらかが含まれます。これによって、これらの属性が当該ユーザーのものであるということをDは確認できるのです。また、これらには、A、Bによる電子署名が付いていますから、C他によって改ざんされていないことをDは確認することができます。

この実装方法はいろいろありますが、一番単純なのはCをA、BのOAuth／OpenID Connectクライアントとして動作させることでしょう。この場合、まずはAとC、BとCの間で登録フェーズが存在します。登録フェーズでは、ユーザーがA、BのクライアントであるCに対して、属性アクセスの認可を出します。具体的にはOAuth／OIDCのフローでユーザーがCからAにリダイレクトされ、AにおいてAにおける当該ユーザーのクレデンシャルを投入し、ユーザー認証を受け、その上でCに対する属性アクセス許可を出します。同様のことをBについても繰り返します。この結果、CはA、BそれぞれからOAuthのリフレッシュトークンとアクセストークンを受け取ります。

実際にDが属性を要求するフェーズにおいては、CはDからの要求を受け、必要な属性をA、Bからそれぞれに対応するアクセストークンを利用して取得します。このときの要求には、CがDに対して当該ユーザーを識別するのに使う識別子「i」も含めます。AとBは要求された属性a、bとiを組みにしたものにそれぞれの署名を付けてCに戻します。

Cは、こうして受け取った署名付き属性に、例えば当該ユーザーの識別子など自らが権威プロバイダーである属性を加えて、全体に自らの署名をかけてクライアントDに回答を返すのです。

集約属性モードを使う非集中アイデンティティーのシステムには、OpenID Connectの他に、Decentralized IdentifierとVerifiable Credentialという方式があります。これらは、2021年段階で標準化団体のW3CとDecentralized Identifier Foundation（DIF）によって仕様の策定が進んでいます。

非集中アイデンティティーにはもう一つのモードがあります。**図表2-9**に表した分散属性モードです。これは、OpenID Connectによって提供されています。

図表2-9では、クライアントDはアイデンティティープロバイダーCに「属性a、bが欲しい」と問い合わせています。このとき、Dはaとbをどこから取得できるのかを知りません。

例えば、aが健康診断記録だったとして、クライアントDからすれば、当初はたくさんある病院のどれに聞きに行けばよいかは分かりませんし、分かるべきではありません。病院が分かるだけで病状が類推できることがあるからです。例えば、病院が国立がんセンターだったとしましょう。恐らくその人はがんを患っているか、過去にがんを患っていたことがあると想像できます。したがって、どの病院から情報を取ったらよいかということも、あくまで本人同意を取得してから開示するということになります。

分散属性の場合、アイデンティティープロバイダーCはユーザーからクライアントDが属性a、bにアクセスするための許可を取得し、クライアントDに対してa、bをそれぞれ属性プロバイダーA、BからトークンTa、Tbを使って取得するように指示を出します。これを受けてDは属性プロバイダーA、Bから属性a、bをトークンTa、Tbを使って取得します。

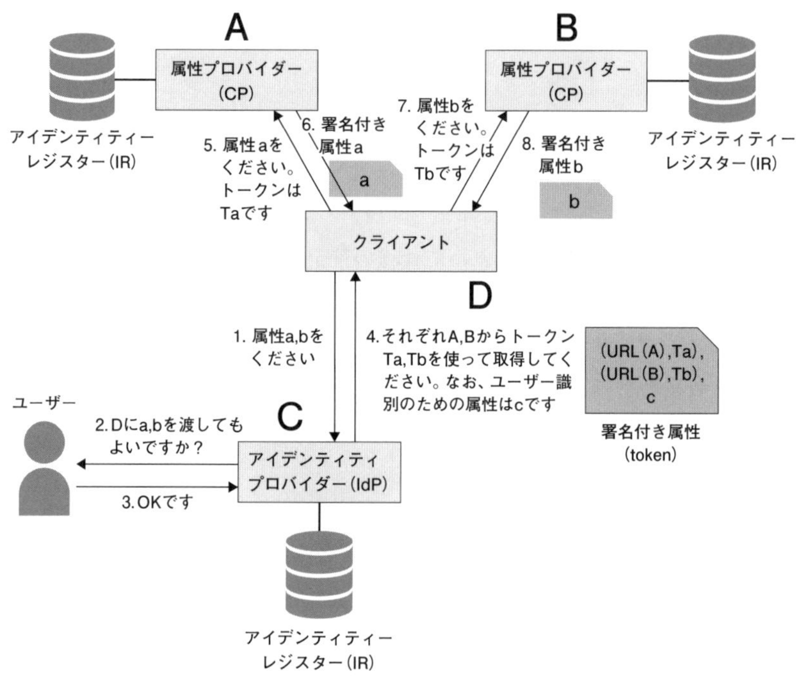

図表 2-9　非集中アイデンティティー（分散属性モード）
出所：筆者

OpenID Connectが集約属性と分散属性の2つのモードをサポートしているのは、それぞれにプライバシーと利便性の上でのメリット・デメリットがあるからです。

集約属性モードのメリットは、ユーザーがどのクライアントサービスに属性を提供したかを、属性プロバイダーが知ることをできなくすることができることです。これは、アイデンティティープロバイダー（IdP）が中間に入って属性を中継する形になっているからです。これに対して分散属性モードだと、属性プロバイダーはクライアントから直接要求を受けてしまうので、どのクライアントに属性を提供しているのかが明らかになってしまいます。

一方、分散属性モードにはメリットもあります。それは、アイデンティティープロバイダー(IdP)がオフラインの場合でも、クライアントは属性を取得できるということと、属性プロバイダーによるクライアントに対する課金が正確に実施可能であるということです。

オフラインのアイデンティティープロバイダー(IdP)というのは不思議に感じられるかもしれませんが、非集中アイデンティティーでは、多くの場合アイデンティティープロバイダー(IdP)はスマートフォン上に実装されます。そのため、クライアントから見ると、オフラインであることがそこそこあるのです。特に最近のスマートフォンOSでは、バックグラウンド処理が制限される傾向がありますから、クライアントから見るとオフラインになることが多いと考えてよいでしょう。

これに対して分散属性モードだと、クライアントはアイデンティティープロバイダー(IdP)を通さず直接属性プロバイダーに問い合わせますから、オフラインである確率は格段に下がることになります。

また、属性プロバイダーからすると、集約属性モードだと、アイデンティティープロバイダー(IdP)が属性を保存(キャッシュ)してしまい、何度も使う可能性が想定されます。これは、1アクセスごとに課金する多くの属性プロバイダー※には受け入れがたいものです。

※Experian、LexisNexis など

これに対して、分散属性モードだと必ず属性プロバイダーにアクセスが来ますから、正確な課金が可能になります。

2-4-5 自己主権型アイデンティティー

分散型アイデンティティーと一緒によく語られる概念に「自己主権型アイデンティティー（Self-sovereign Identity、SSI）」があります。これは、ユーザーが自らを表す識別子や認証のための鍵を、Googleのような民間企業や政府のような第三者によって与えられるのではなく、ユーザー自身が生成するというものです。

民間企業や政府機関のような第三者のアイデンティティープロバイダー（IdP）によってアイデンティティーが提供される場合、当該第三者の事由によって、アカウントが停止・失効させられる（いわゆる「垢バン」）恐れがあります。場合によっては最初から取得できないこともあるでしょう。民間企業は、当然当該サービスの収益性を鑑みてアカウント作成を許可します。政府機関も、政府と対立する人にアカウントを発行しない、ないしは差別的アカウントしか発行しないことが容易に想定されます。また、政府アカウントに依存すると、その政府が崩壊してしまうと当該アカウントが使えなくなるという問題があります。いわゆる難民問題です。飛行機に乗っている間に自国の政府が崩壊し、パリのシャルル・ド・ゴール空港に何十年も足止めになった人の事例もあります。

これに対して、ユーザー自身が識別子と対応する鍵ペアを作成して使う場合、第三者のアイデンティティープロバイダー（IdP）による垢バンの恐れはなくなります。もちろん、クライアントが受け入れるかどうかは個別クライアントの判断になりますが、一括してすべてだめになるということはないはずです。

こうしたことを鑑みて、カナダのブリティッシュ・コロンビア州は、ユーザーが自分で作成した識別子（DID、Decentralized Identifier）と鍵ペアによるユーザー認証の受け入れを始めています。市民サービスを提供するにあたって、州としてはパスワードや証明書などの管理にコストをかけたくない一方、民間のアイデンティティープロバイダー（IdP）に依存すると、当該市民がアイデンティティープロバイダー（IdP）に「垢バン」された場合、市民サービスを提供できなくなる恐れがあるからです。

筆者が自己主権型アイデンティティーに注目する理由は他にもあります。政府などの強力な主体による個人攻撃に対抗する手段になると考えるからです。日本のような政府批判が自由な民主主義国家に住んでいるとあまりリアリティーは無いかもしれませんが、政府が自分のことを物理的ないし社会的に抹殺しにくるというのは、そんなに珍しいことではありません。政府批判をするときは、「盗聴器などを設置しにくいような開けた場所に出て口は隠してするもの」というのは、筆者が少年時代を過ごした国では一般的でしたし、経歴を書き換えてその人を経歴詐称として糾弾して失墜させることなど容易に想定されます。

こうしたことに対抗するには、DIDに結びついた属性を、広く使われているブロックチェーンなどのインフラに書き込んでしまうということが考えられます。プライバシーを保護するという方々は、ブロックチェーンにこうした個人情報を書き込むなど「忘れられる権利」の観点からあり得ないと言いますが、筆者からするとこうした危機的状況においては、正しい自分を「忘れられない権利」の方がはるかに重要です。こうした「政府などによる攻撃」を想定しないことを筆者は「お花畑」と非難しています。まぁ、日本やその他の自由主義諸国に暮らしていると、なかなかリアリティーは無いでしょうが。

もっとも、自己主権型アイデンティティーは、この本の執筆段階で広がっているとは言い難い状況です。こうした技術はOpenID Connectのドラフトに2011年頃から入っているにもかかわらず、実際の利用はほとんどありません。2019年になってようやく注目され始めたくらいです。

これは、運用の信頼性と責任分担という根本的な問題があるからです。自己主権アイデンティティーの世界では、アイデンティティープロバイダー（IdP）はウォレットのようなソフトウエアとしてスマートフォン上に実装される場合が多いですが、このウォレットが生成する証明を信頼するには、次の２つの条件を最低でも満たす必要があります。

- 鍵の運用が適切になされている。
- そのためには、ウォレットが適切なものである必要があり、それをリモート側から確認することができる。

ところが、執筆（2021年4月）段階の技術では、これらを安全に満たす標準的な手段がありません。2020年に英国のOpen Identity Exchange（OIX）が行った実証実験では、従来型とSSI／DIDを両方提供したところ、SSI／DIDを採用したクライアントはゼロという惨憺たる結果になってしまいました。

こうしたことを解決するためには、iOSやAndroidなどのOSからの支援が不可欠です。例えば、現在通信を行っているスマホ上のアプリのハッシュ値をTLSレイヤーに乗せてリモートに伝えるだけでも大分改善します。AppleやGoogleがこうしたことに理解を示し、対応が進んで来ることを筆者は祈念してやみません。

Appendix

A-1 エンティティー認証の種類

「エンティティー認証」は、「ユーザー認証」「クライアント認証」「サーバー認証」に大きく分けられます。単に「認証」という場合、ユーザー認証を指すことが多いです。

ユーザー認証の代表例は、ユーザー名とパスワードでログインするケースです。その他にも、マイナンバーカードでマイナポータルにログインしたり、携帯電話回線で携帯電話会社のポータルにログインしたりするのもユーザー認証です。最近ではワンタイムパスワードアプリやSMSで送られてくるワンタイムパスワード（OTP）を利用しての「２段階認証」を使ったログインも普及してきました。

ユーザーの立場だとあまり気にすることは無いかもしれませんが、クライアント認証やサーバー認証も負けず劣らず重要です。フィッシングが成立してしまうのは、実はクライアント認証とサーバー認証がしっかりしていないことが理由です。

サーバー認証の主流は、サーバーのTLS証明書が正しいものであることを確認する方法です。一方のクライアント認証は、サーバーによって提供されたクライアント・シークレットの提示や、クライアントがサーバーに登録した検証鍵（あるいはそのハッシュ）に対応した署名鍵で、１回限りのデータ（nonceなどと言います）に署名してあるかどうかの確認によって実施されることが多いです。

認証では、当該クレデンシャルが結びつけられた本人（あるいはそのモノやプロセス）だけ成功することが求められます。これには、他人受け入れ率（他人がその当人として受け入れられてしまうこと。悪意がある場合、無い場合両方あります）を下げるとともに、本人拒否率も下げる必要があります。

他人受入率、本人拒否率というのは生体認証の観点で語られることが多いですが、他の認証手段にも応用できます。例えば、パスワードというのは比較的他人受入率が大きいクレデンシャルになります。一方、本人が忘れてしまってログインできなくなることもかなりの確率で起きるので、他人受入率が大きく本人拒否率も大きい望ましくないクレデンシャルの代表と言うことができるかもしれません。

A-2 認証保証レベル（AAL）

クレデンシャルを利用してエンティティー認証が行われるわけですが、使用されるクレデンシャル自体の性質およびその運用状況によって、そのエンティティー認証がどのくらい信頼できるかが変わってきます。その信頼度合いを「認証保証レベル」（AAL；Authenticator Assurance Level）と言います。

例えば、パスワードを考えてみましょう。パスワード自体の強さとしては、長いパスワードは短いパスワードに比べて強力です。ただ、運用まで考慮するとどうでしょうか。短いパスワードなら暗記しやすいのでメモなど不要だと思いますが、長いパスワードの暗記は難しいのでメモを書くケースがあります。そのメモをいろいろな人が見ることができる場所に貼ってあるような場合、不適切な運用と言えます。「パスワードやアクセスキーをGitHubにアップロードして公開してあった」などというのはこの典型的な例になります。

認証保証レベルを考えるときは、クレデンシャル自体の性質と運用の両方を考えていくことが重要です。その際、「多要素認証」と「多段階認証」という概念があります。名前は似ていますが別のものです。

「多要素認証」とは、複数の認証要素を合わせてエンティティー認証することです。認証要素としては、「当該エンティティーの知識（パスワードなど）」「当該エンティティーの所有物（ICカードなど）」「当該エンティティーの性質（生体情報など）」が挙げられます。これらのうち、異なる2種類を同時に使用して認証するのが2要素認証です。

これに対して「多段階認証」は、同じ要素でもよいので複数を利用して2段階以上のステップを通じて認証することです。例えば、パスワードで認証した後で、メールアドレスやSMSアドレスに認証コードを送って、追加でそれを入力させて認証する方法が該当します。

一般に多要素ないしは多段階認証になると、単一要素認証よりも認証保証レベルは上がるとされますが、これは必ずしも正しくありません。もともと強い単一要素認証に弱い認証を組み合わせても意味があるかどうかは微妙なところです。何でも複数組み合わせればよいわけではないので注意してください。むしろ、単一段階でも、より強固なクレデンシャルを利用する方が良いと考えられるケースは多々あります。

認証保証レベルは米国NISTのSP800-63-3に従って3つのレベル※に分けることが最近は多いです（**図表A-1**）。

※以前は、SP800-63-2に従って、4つのレベルに分けることが多かったです

図表 A-1　NIST SP800-63-3 における AAL の要件
出所：筆者

レベル	NIST SP799-63-3 における要件
AAL 1	安全な認証プロトコルを通じて行われた単一（それ以上でもよい）要素認証
AAL 2	認可された暗号技術を使った安全な認証プロトコルを通じて行われる、それぞれの認証要素の保持の確認（PoP；Proof of Possession）を通じた多要素認証
AAL 3	認可された暗号技術を使った、中間者攻撃（Verifier Impersonation）に対応した安全な認証プロトコルを通じて行われる、ハードウエアベースの認証要素の保持の確認（PoP；Proof of Possession）を通じた多要素認証

ここでも多要素認証が出てきますが、それぞれの要素に対して要求事項があり、強い単一要素認証よりも弱くならないように工夫されています。単に２つ合わせればよいとはしていないことに注意が必要です。

認証保証レベルとセットで語られる用語に、「身元保証レベル（IAL；Identity Assurance Level）」と「連携保証レベル（FAL；Federation Assurance Level）」があります。IALは「アイデンティティーの登録」の話であり、FALは「アイデンティティー連携」の話になります。なお、NIST SP800-63は、米国の連邦政府機関向けの基準ですので、IALに関しては日本の民間にそのまま適用することはお勧めできません。しかし、考え方は大変参考になりますので、自らの状況に合わせて使っていくのは良いことです。

第3章　アイデンティティー連携フレームワーク「OpenID Connect」

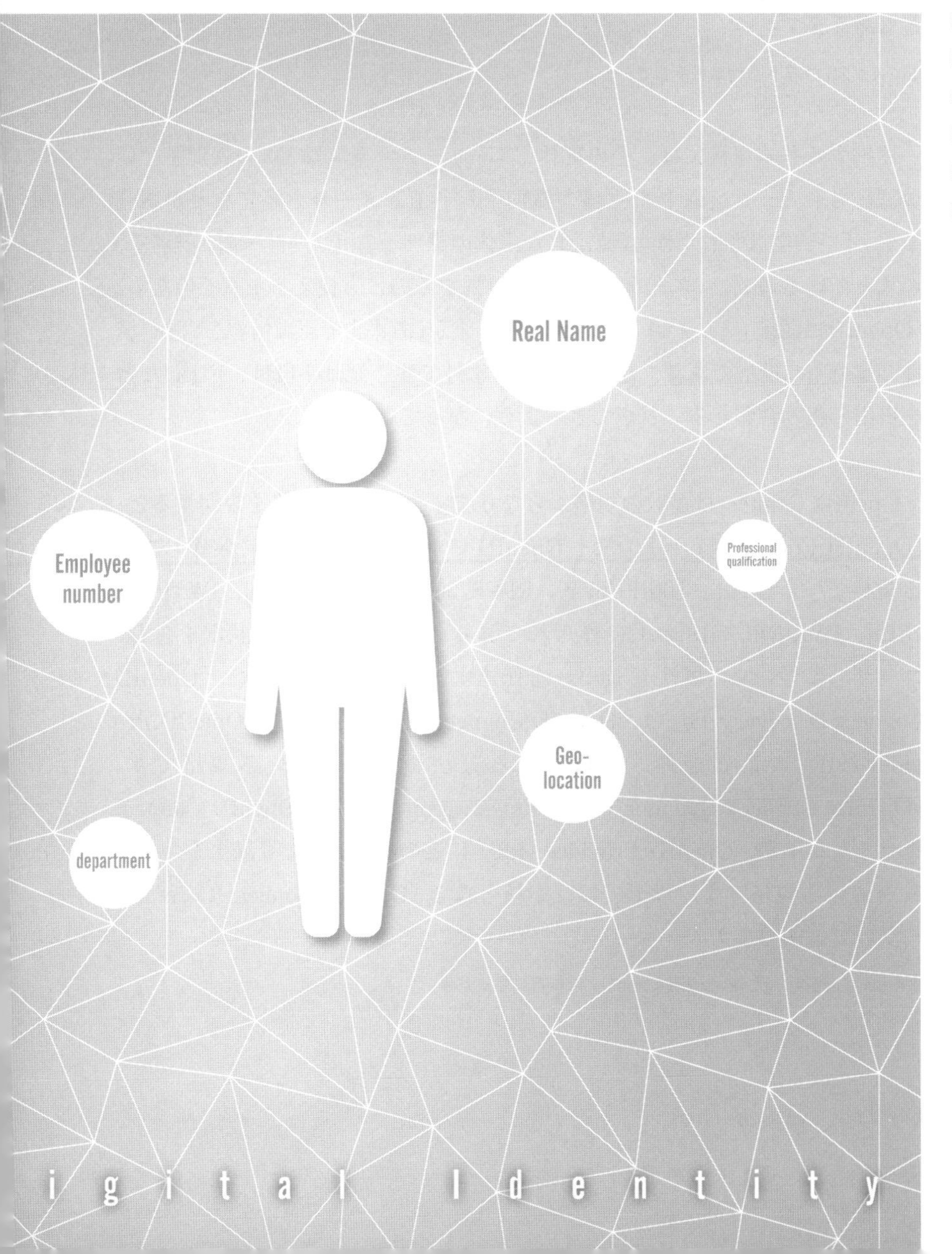

OpenID Connectは2014年に正式版となったアイデンティティー（ある実体に関する属性の集合）連携のための国際規格です。米国の国際標準作成団体であるOpenID Foundation※が規格を策定しています。OAuth 2.0の上に作られているので「インターネットのアイデンティティー層」と呼ばれることもあります。

※筆者が2011年から理事長をしています

連携する基本属性には、その実体（ユーザー、マシンなど）の識別子、いつ認証されたか、認証した主体の識別子、名前、メール、宛先などがあります。「いつ認証されたか」「認証した主体の識別子」「（ユーザーの）識別子」が入っているので、（ユーザー）認証を連携するのにも使えます。そのため、「OpenIDは認証」といわれることがありますが、あくまで認証情報を含む「属性の連携」の規格であり、認証自体は対象外です。認証手段は、FIDOなどを自由に組み合わせることができるようになっています。

OpenID Connectは多数の規格からなります※。主要な規格を説明すると、「OpenID Connect Core 1.0」は、OpenID Connectの中核機能を定義している規格です。OAuth 2.0[RFC6749、RFC6750]、JWS[RFC7515]、JWT[RFC7519]、JWK[RFC7518]の上に作られており、ユーザーの認証状況を含む、ユーザーについての属性（Claims）を伝達するために使われます。「OpenID Connect Discovery 1.0」は、OpenID Connectクライアントが、OpenID Provider（IdP）の情報を動的に取得する方法を定義している規格です。「OpenID Connect Dynamic Client Registration 1.0」は、OpenID Connectクライアントが、OpenID Provider（IdP）にどのようにして登録するかを定義している規格です。以下では、中核となる「OpenID Connect Core 1.0」について説明します。

※https://openid.net/developers/specs/を参照してください

3-1 OpenID Connect Core 1.0

OpenID Connect Core 1.0が決めていることは、「IDトークンの定義」「IDトークンを取得する手続き」「属性値の取得」です。

3-1-1 IDトークンの定義

IDトークンとは、あるユーザーに関する情報をまとめて収録し、電子署名を施し、それを1つの文字列にトークン化したもの。つまり、「認証済みアイデンティティー」です(2-2参照)。ちなみに、JWTとJWSは、IDトークンのために作られました。

IDトークンの中に収録される属性には、IDトークン自体のセキュリティー関連の属性(**図表3-1**)と、ユーザーに関する基本属性(**図表3-2**)があります。ユーザーに関する基本属性は、別途定義して足すことができます。これらの属性は、IDトークンに入れて返すこともできますし、OpenID Connectが定義している「UserInfo Endpoint」というAPIを使って取得することもできます。後者は、ユーザーがオフラインのときに、最新の属性情報が必要な場合などに役に立ちます。

図表 3-1　ID トークン自体のセキュリティー関連の属性
出所：筆者

属性名	意味	必須／任意	解説
iss	発行者識別子	必須	発行者を表す https URL
sub	主体識別子	必須	ユーザーなどの主体の識別子。発行者内でユニークな、再利用されない識別子
aud	宛先	必須	ID トークンの宛先。OAuth2 の client_id
exp	有効期限	必須	ID トークンの有効期限。1970-01-01T0:0:0Z（UTC）からの秒数
iat	作成日時	必須	ID トークンの作成日時。1970-01-01T0:0:0Z（UTC）からの秒数

属性名	意味	必須／任意	解説
auth_time	ユーザー最終認証日時	(必須)	ユーザーが最後に認証された日時。1970-01-01T0:0:0Z（UTC）からの秒数
nonce	1回限文字列	(必須)	クライアントのセッションとIDトークンを結びつける、1回だけ使われる文字列。リプレイ攻撃などに対抗するために使われる
acr	認証クラス参照	任意	認証レベルを表すクラスに対応する文字列
amr	認証手段参照	任意	使用された認証手段を表すクラスに対応する文字列
azp	利用許可者	任意	IDトークンの最終宛先人に対してこのIDトークンを利用することが許されるOAuthクライアントのclient_id
at_hash	アクセストークンハッシュ値	(必須)	アクセストークンのハッシュ値の左半分。IDトークンとアクセストークンを結びつけ、アクセストークンが置き換えられたりした場合に検知するために使用する。アクセストークンとIDトークンが認可エンドポイントより発行される場合には必須
c_hash	認可コードハッシュ値	(必須)	認可コードのハッシュ値の左半分。IDトークンと認可コードを結びつけ、認可コードが置き換えられたりした場合に検知するために使用する。認可コードとIDトークンが認可エンドポイントより発行される場合には必須

図表3-2　ユーザーに関する基本属性

出所：筆者

属性名	意味	解説
name	氏名	IDトークンの対象ユーザーの氏名。敬称を含んでもよい
given_name	名	対象ユーザーの名。複数の名がある場合は半角スペースで区切って記載することもできる
family_name	氏	対象ユーザーの氏。複数の氏がある場合は半角スペースで区切って記載することもできる
middle_name	ミドルネーム	対象ユーザーのミドルネーム。複数のミドルネームがある場合は半角スペースで区切って記載することもできる
nickname	ニックネーム	カジュアルに呼ぶ場合の名前。例：Michael → Mike

属性名	意味	解説
preferred_username	希望するユーザー名	IDトークンを受け取ったサイト（RP）で新規にアカウントを作る場合に対象ユーザーが希望するユーザー名。この値はユニークでないので、サイト側でその値が提供可能かなどのチェックが必要
profile	プロフィールページURL	対象ユーザーのプロフィールページのURL
picture	写真のURL	対象ユーザーの写真のURL
website	ウェブサイトURL	対象ユーザーのウェブサイトのURL
email	メールアドレス	メールアドレス。RFC 5322準拠でなければならない
email_verified	email属性が確認済みかどうか	email属性が対象ユーザーのものであると確認しているかどうかを表すJSON Boolean値
gender	性別	対象ユーザーの性別。男性はmale、女性はfemale。その他の性別は任意に定義
birthdate	誕生年月日	対象ユーザーの誕生年月日を表すISO8601日付（YYYY-MM-DD）
zoneinfo	タイムゾーン	対象ユーザーのタイムゾーンの値。例：Europe／Paris
locale	言語	対象ユーザーの希望する言語の値。BCP47で定義された文字列
phone_number	電話番号	対象ユーザーの電話番号。RFC 3966の内線対応フォーマット推奨
phone_number_verified	phone_number属性が確認済みかどうか	phone_number属性が対象ユーザーのものであると確認しているかどうかを表すJSON Boolean値
address	住所	住所を表すJSONオブジェクト
updated_at	最終更新時点	対象ユーザーの情報が最後に更新された時点の1970-01-01T0:0:0Z（UTC）からの秒数

3-1-2 IDトークンを取得する手続き

OpenID Connectのエンドポイント（API）

OpenID Connectは、OAuth 2.0の拡張仕様として作られているので、OAuth 2.0由来の次に示す4つのエンドポイントを持っています。エンドポイントとは、サーバーおよびクライアントの機能を呼び出すAPIのことです。

- 認可エンドポイント（Authorization Endpoint）
- トークンエンドポイント（Token Endpoint）
- リダイレクションエンドポイント（Redirection Endpoint）
- ユーザーインフォエンドポイント（UserInfo Endpoint）

認可エンドポイントとトークンエンドポイントはサーバーのAPIで、リダイレクションエンドポイントはクライアントのAPIです。認可エンドポイントは、クライアントからの認可要求を受け付け、ユーザーから許諾を得て、認可コードなどの結果をリダイレクションエンドポイントに返します。トークンエンドポイントは、クライアントからの要求を受けて、トークンを返します。ユーザインフォエンドポイントは、一連の流れで受け取ったアクセストークンを使ってクライアントが追加のユーザー情報を取得するためのAPIです。

OpenID Connectのフロー

OpenID Connectの中には、アイデンティティー連携の流れを定義した「フロー」が3つ定義されています。

- 認可コードフロー（Authorization Code Flow）
- インプリシット（暗黙）フロー（Implicit Flow）
- ハイブリッド（混成）フロー（Hybrid Flow）

認可コードフローとインプリシットフローはOAuth2.0[RFC6749]で定義されています。ハイブリッドフローは、OpenID Foundationで作成されたOAuth 2.0 Multiple Response Types※で定義されている、セキュリティーを強化したバージョンのフローです。いずれのフローも、スタートするに当たっては以下の前処理が終わっていなければなりません。

※http://openid.net/specs/oauth-v2-multiple-response-types-1_0.html

- クライアントがサーバー（IdP）であるOpenIDプロバイダー（OP）に登録

済みであること

- クライアントが、サーバーのメタデータ（認可エンドポイントがどこであるか、サーバーの公開鍵はどこにあるかなど）を取得済みであること

これらは手動で実施しても良いですが、それぞれOpenID Connect Dynamic Registration※1とOpenID Connect Discovery※2でクライアントソフトウエアが動的に実施・取得することもできます。

※1 http://openid.net/specs/openid-connect-registration-1_0.html
※2 http://openid.net/specs/openid-connect-discovery-1_0.html

どのフローでもそうですが、現在サイトないしアプリに到達したユーザーの属性情報をIdPから取得するに当たっては、ユーザーにどのIdPを利用するか一度は指定してもらわなければなりません（２度目以降はCookieに保存するなどして記憶しておくことが可能ですので、必ずしもユーザーに尋ねる必要はありません）。

2021年5月段階で最もポピュラーな方法は、ユーザーにボタンをいくつか提示し、希望するプロバイダーを選択してもらう方法です。AppleやGoogleのボタンを置くのはこれに当たります。

もう一つの方法は、ユーザーにメールアドレスを入れてもらう方法です。本当はメールアドレスの「@」以降だけでよいのですが、ユーザーにそう伝えてもなかなか理解してもらえないので、メールアドレスを入力してもらうケースが多いです。例えば入力された文字列が「alice@example.com」であれば、example.comの提供するIdPの認可エンドポイントを、OpenID Connect Discoveryで説明しているプロトコルを使って探し出して使うことになります。

認可コードフロー（Authorization Code Flow）

認可コードフローは最もベーシックなフローで、一番多く使われています。

認可コードフローは、OAuth 2.0[RFC6749]のCode Grantをそのまま使います。違いは、認可要求にOpenID Connectの定義する拡張パラメーターを指定することと、トークン応答にIDトークンが含まれて返ってくることです。認可コードフローは、次に示すステップを踏みます。

(1) クライアントが、望むパラメーター含む認可リクエストを作成します
(2) クライアントが、認可リクエストを認可サーバーの認可エンドポイントにWebブラウザー経由で送信します
(3) 認可サーバーがエンドユーザーを認証します
(4) 認可サーバーが、エンドユーザーから属性提供の許諾を取得します
(5) 認可サーバーは、エンドユーザーをクライアントにWebブラウザー経由で戻します。このとき、パラメーターとして認可コードを付けます
(6) クライアントは、トークンエンドポイントに認可コードを送信します。このとき、可能ならばクライアント認証を行います
(7) 成功すれば、クライアントはIDトークンとアクセストークンを (6) の応答のボディーとして受け取ります
(8) クライアントはIDトークンを検証し、エンドユーザーの識別子他の属性をIDトークンから取得します
(9) 必要に応じて、アクセストークンを用いて追加属性をUserInfoエンドポイントから取得します

(6) で「可能ならばクライアント認証を行います」とあるのは、クライアントによっては、クライアント認証をするための有効な鍵をサーバーに登録していないからです。OAuth 2.0 でパブリッククライアントと呼ばれるタイプのクライアント、具体的にはDynamic Registrationをしていないスマホアプリがこれに当たります。このような場合、PKCE [RFC7636]と呼ばれるOAuthの拡張仕様を併用することが強く推奨されます。

インプリシット（暗黙）フロー（Implicit Flow）

インプリシットフローは、ユーザーからの承認・認可を受けたことを明示

する認可コードを利用せず、暗黙のうちにトークンを認可エンドポイントから発行するフローです。発行されるトークンが利用者制限トークンでない限りは、セキュリティー的に問題が多く、このフローを使ったアクセストークンの発行は非推奨ですが、認可サーバーがファイアウオールの中にあったり携帯端末の中にあったりしてクライアントから直接到達できないが、ブラウザーリダイレクトを使えば到達できる場合には有用なフローです。インプリシットフローは、次に示すステップを踏みます。

(1) クライアントが、望むパラメーター含む認可リクエストを作成します
(2) クライアントが、認可リクエストを認可サーバーの認可エンドポイントにWebブラウザー経由で送信します
(3) 認可サーバーがエンドユーザーを認証します
(4) 認可サーバーが、エンドユーザーから属性提供の許諾を取得します
(5) 認可サーバーは、エンドユーザーをクライアントにWebブラウザー経由で戻します。このとき、パラメーターとしてIDトークンを付けます。クライアントは、受け取ったIDトークンを検証し、応答が改ざんされていないか、発行者が正しいか、自分宛ての応答であるか、nonceがエンドユーザーセッションに結びつけられているかなどを確かめ、正当性が確認されればエンドユーザーをログインさせます

ハイブリッド（混成）フロー（Hybrid Flow）

ハイブリッドフローは、認可エンドポイントから認可コードだけでなくIDトークンも返すフローです。このようなことをする理由は２つあります。１つは、認可コードフローでは認可応答を改ざん可能であり、それに起因する攻撃（例：認可コード置換攻撃）が可能であるためです。もう１つは、ネットワーク遅延が気になるような状況では、トークンエンドポイントへの往復時間（および、その他リソースへの要求応答時間）を待たずに、クライアント上での対エンドユーザーの処理を始めたいことがあるためです。

ハイブリッドフローでは、認可エンドポイントから返されるIDトークン

に、c_hash という属性を含みます。これは、認可コードのハッシュ値の左半分です。IDトークン自体は認可サーバーの鍵で署名してありますから、改ざんは不可能です※。このIDトークンにc_hashを含めることで、認可コードを改ざんしてもやはり検知できるようになります。このようなやり方のことを「分離署名（detached signature）」と呼びます。

※正確には、改ざん検知が可能なので、改ざんしたものが排除されるということです

余談になりますが、OpenID Connect Coreをさらに高セキュリティーにしたFinancial-grade API（FAPI）Security Profile※は、c_hashに加えてOAuth 2.0 認可応答の残るもう１つのパラメーターである state のハッシュの左半分をs_hash として入れることで、応答全体を保護しています。

※これも筆者が筆頭著者であるAPI保護のための規格で、2021年４月末段階で、英国、オーストラリア、ブラジルなどの国家基準として採用されています

また、サーバーが非対称鍵を使っている場合には、サーバーによる否認防止も望めます。このフローは、次に示すステップを踏みます。原則、認可コードフローと同じですが、下線部分が追加になります。

(1) クライアントが、望むパラメーター含む認可リクエストを作成します
(2) クライアントが、認可リクエストを認可サーバーの認可エンドポイントにWebブラウザー経由で送信します
(3) 認可サーバーがエンドユーザーを認証します
(4) 認可サーバーが、エンドユーザーから属性提供の許諾を取得します
(5) 認可サーバーは、エンドユーザーをクライアントにWebブラウザー経由で戻します。このとき、パラメーターとして認可コードとIDトークンを付けます。クライアントは、受け取ったIDトークンを検証し、応答が改ざんされていないか、発行者が正しいか、自分宛ての応答であるか、nonceがエンドユーザーセッションに結びつけられているかなどを確かめます
(6) クライアントは、トークンエンドポイントに認可コードを送信します。

このとき、可能ならばクライアント認証を行います

(7) 成功すれば、クライアントはIDトークンとアクセストークンを (6) の応答のボディーとして受け取ります

(8) クライアントはIDトークンを検証し、エンドユーザーの識別子他の属性をIDトークンから取得します

(9) 必要に応じて、アクセストークンを用いて追加属性をUserInfoエンドポイントから取得します

3-1-3 属性値の取得

リクエストオブジェクト（Request Object）／JWT保護認可要求（JAR）

ハイブリッドフローでは認可応答の保護を行いましたが、メッセージが改ざん可能であるという問題は認可要求にも当てはまります。これに対処するために、OpenID Connect Core では、「リクエストオブジェクト」を定義しています。これは、認可要求自体をJWTの形にしてJWS署名を付けるものです。こうすることによって改ざん検知が可能になります。また、暗号化すれば、要求の内容をのぞき見できないようになります。

加えて、クライアントが生成した非対称鍵を使って署名を生成した場合には、否認防止機能も実現できます。英国他のオープンバンキングでは、この機能を利用しています。この場合の認証要求は、通常のOAuth／OpenID認証要求パラメーターをJSON化したものをボディーとしたJWTとしてエンコードされます。署名はJWSで、暗号化する場合にはJWEを使ってそれぞれ行われます。実際の要求に当たっては、こうして作ったJWTを「request」というパラメーターの値にして送ります。値を実際にパラメーターに詰めて送りますので、「値渡し（by value）」とも言います。

リクエストオブジェクトの送信方法にはもう一つ「参照渡し（by reference）」というモードもあります。この場合、クライアントはリクエストオブジェクトを認可サーバーがアクセスできる場所にプッシュして、その

リクエストオブジェクトへの参照を「request_uri」というパラメーターの値として送ります。このときの値は「URI」ですから、ネットワークアクセス可能なURLでもよいですし、認可サーバーだけがアクセスできる場所において、それへの参照としてのURNを使うことも可能です。場合によっては、第三者の提供するレポジトリにプッシュするということも考えられます。参照渡しの大きなメリットとして、リクエストオブジェクトが大きくなっても大丈夫なことと、フロントエンドを回らないので盗聴などの危険が少ないことが挙げられます。

IETFで標準化されたJWT保護認可要求（JAR）は、OpenID Connectのリクエストオブジェクトを OAuthにバックポートしたものです。アイデンティティー連携以外のコンテキストでもこの方式は役に立つので、IETF側でより汎用な機能として標準化を行いました。

PARとRAR

PAR（Pushed Authorization Request）※1とRAR（Rich Authorization Request）※2はいずれもIETFで2021年1月現在標準化※3が進んでいるドラフトで、JARの兄弟仕様になります。PARはJARを認可サーバーにプッシュする場合のAPIを定義し、RARはその中に入れる内容をより細かくリッチに規定するための規格です。

※1 https://tools.ietf.org/html/draft-ietf-oauth-par

※2 https://tools.ietf.org/html/draft-ietf-oauth-rar

※3 Standard Track のRFC化

OAuth 2.0では、通常、認可を受ける対象を「scope」で定義しますが、これでできることは極めて限られています。たくさんある属性の中から、その時必要なものだけを取り出すのは難しいのです。そのため、OpenID Connectでは「claims」というパラメーターを用意し、その中に、その時必要な属性（claims）だけをリストしてJSONとして引き渡すようにしています。この「claims」は、JARの中にも指定することができます。

しかし、claimsでは、属性を指定することができるだけです。RARではこれをさらに一歩進めて、例えば「口座の情報と残高を取得し、5万円の送金を○○株式会社宛てに開始する」というような金融取引自体をリクエストオブジェクトの中に記述できるようにしています。いずれも2021年5月段階で標準化が進んでいるところで、今後変わるかもしれませんが、すでに使われ始めている（例：オーストラリアの消費者データ標準）ので、このようなことがやりたいという方はウオッチすると良いと思います。

3-2 FAPI

FAPIはFinancial-grade API Security Profileの略（以下FAPIと表記します）で、OpenID FoundationのFAPI WG（作業部会）で標準が策定されています。バージョン1であるPart 1: Baseline 1.0※1とPart 2: Advanced 1.0※2は2021年3月12日に最終版が出版されました。なんと、OpenID Foundationから最終版の規格が出版されるのは2014年以来7年ぶりとなります。逆に言えば、それだけ厳しいプロセスを経て標準化がされているということです。

※1 https://openid.net/specs/openid-financial-api-part-1-1_0-final.html

※2 https://openid.net/specs/openid-financial-api-part-2-1_0-final.html

FAPIのBaseline ProfileとAdvanced Profileは、以前はそれぞれRead Only ProfileとRead & Write Profileと呼ばれていました。金融の場合は読み出しオンリーであるか書き込みが可能（＝送金や取引が可能）でリスクレベルを分解することができるのでこれで良かったのですが、対象領域を金融以外（航空、医療など）に広げることになったため、この名前は適切でなくなりました。機微な医療データなど、読み出しだけであっても大変リスクが高い場合があるからです。そのような場合には、より高いレベルのセキュリティーを達成しているRead & Write Profileを使うべきなのですが、名前の印象でRead Only Profileを誤って使ってしまう可能性があるという指摘を受けて、Baseline ProfileとAdvanced Profileに名称を変更しました。

FAPIの特徴は大雑把に書くと以下のようになります。

(1) OAuth／OpenID Connectではオプションとされているセキュリティー・プライバシーの機能を必須化
(2) 持参人型トークンを廃止、すべてを利用者制限トークンに
(3) セキュリティーに関してはWeb Attacker Modelの元で形式検証済み
(4) 適合性テストスイートと自己認証制度を整備することにより、実装の相互接続性と安全性を向上

このような特徴があることで、多くの地域から注目を浴びており、2021年4月段階で、英国、オーストラリア、ブラジルの標準として採用され、米国では主要金融機関が集まっているFinancial Data Exchange（FDX）の標準として使われることが決まっています。また、2021年3月10日に行われたGlobal Open Finance Center of ExcellenceのGlobal Open Finance Technical Standards 作業部会では、ロシアの金融機関も採用との報告がなされました。

また、大陸欧州最大の金融機関の集まりであるベルリン・グループでもFAPIを採用する動きが始まっています。これまでのベルリン・グループの仕様は大まかな枠組みのみが決まっており詳細は各銀行に任されていたためにバラバラの状態で、APIエコシステムへの参加企業の数が、全欧州を合わせても、API統一を進めた英国一国に及ばないという状況も背景にあるかもしれません。

日本においては、全銀協の推奨とはなっているものの、そもそも金融機関間で共通のAPIを整備するという動きになっておらず、採用は進んでいません。日本でビジネス展開しているベンダーでは、長らくAuthlete社のみがFAPIをサポートしており、（日本の金融機関が使っている）大手ベンダーはFAPIをサポートしていなかったという背景があります。しかし、2021年4月現在、Authlete社に加えて、IBM、NTTテクノクロス、OKIなどがFAPI認証を取っているので、状況は変わってくるかもしれません。

3-3 アイデンティティーの質とeKYC／IDAフレームワーク

ここまででOpenID Connectが、選択的属性提供プロトコルであることはご理解いただけたと思います。FAPIはそれをさらにセキュアにしたものです。この上に重ねるものとして2020年から大きな注目を浴びている活動に、OpenID FoundationのeKYC & Identity Assurance WG（作業部会）があります。

KYCはKnow Your Customer（顧客のことを知れ）という言葉の略です。日本では犯罪収益移転防止法に基づく「本人確認」が代表的なプロセスです。一方、IDAはIdentity Assurance（アイデンティティー保証）の略で、表明されたアイデンティティー（属性情報の集合）がどのくらい信頼できるものかということを言います。

このWGは提供される属性の種類と表現方法（例：生年月日を聞くのではなく、20歳以上か、などを聞く方法など）を拡張するとともに、その出自を表すメタデータのフォーマットを規格化しています。

模式的に言うならば、アイデンティティーには次のものが含まれると考えられます。

(1) 属性自体
(2) 当該属性が、誰の責任において、何を根拠に、どのようにして、誰によって確認されたか
(3) 当該個人が、どの組織に属し、どのような権限を有しているか、それは誰が証明したか

このうち（1）（2）はISOでいう自然人識別子（Natural Persons Identifier）

に、(3) は法人識別子 (Legal Entity Identifier) の概念に対応します。この関係から、法人番号ポータルを司る日本の経済産業省も検討に加わることが、2021年2月に発表されました。

これは若い規格ですが、すでに欧州で使われ始めています。2021年1月現在、ドイツの1000以上の銀行が属性プロバイダーとなって、ドイツのマネーロンダリング防止法に基づく身元確認を行ったデータ項目を上記の (1) として、上記の (2) の情報と共に、この規格に従ってFAPI上で提供しています。これは、銀行口座の開設にも使えますし、イタリアのeIDASの適格サービスプロバイダーは、これに基づき適格証明書 (Qualified Certificate) を発行し、この証明書に基づいて、書面に適格署名 (Qualified Signature) を打つサービスも提供しています。加えて、こうして作られた文書には、長期署名も施されますので、何年も後からその署名の正当性を検証することもできます。これが、オンラインバンキングの付帯サービスとしてできてしまうのです。

第4章　アイデンティティー管理によって可能になる「アクセス制御」

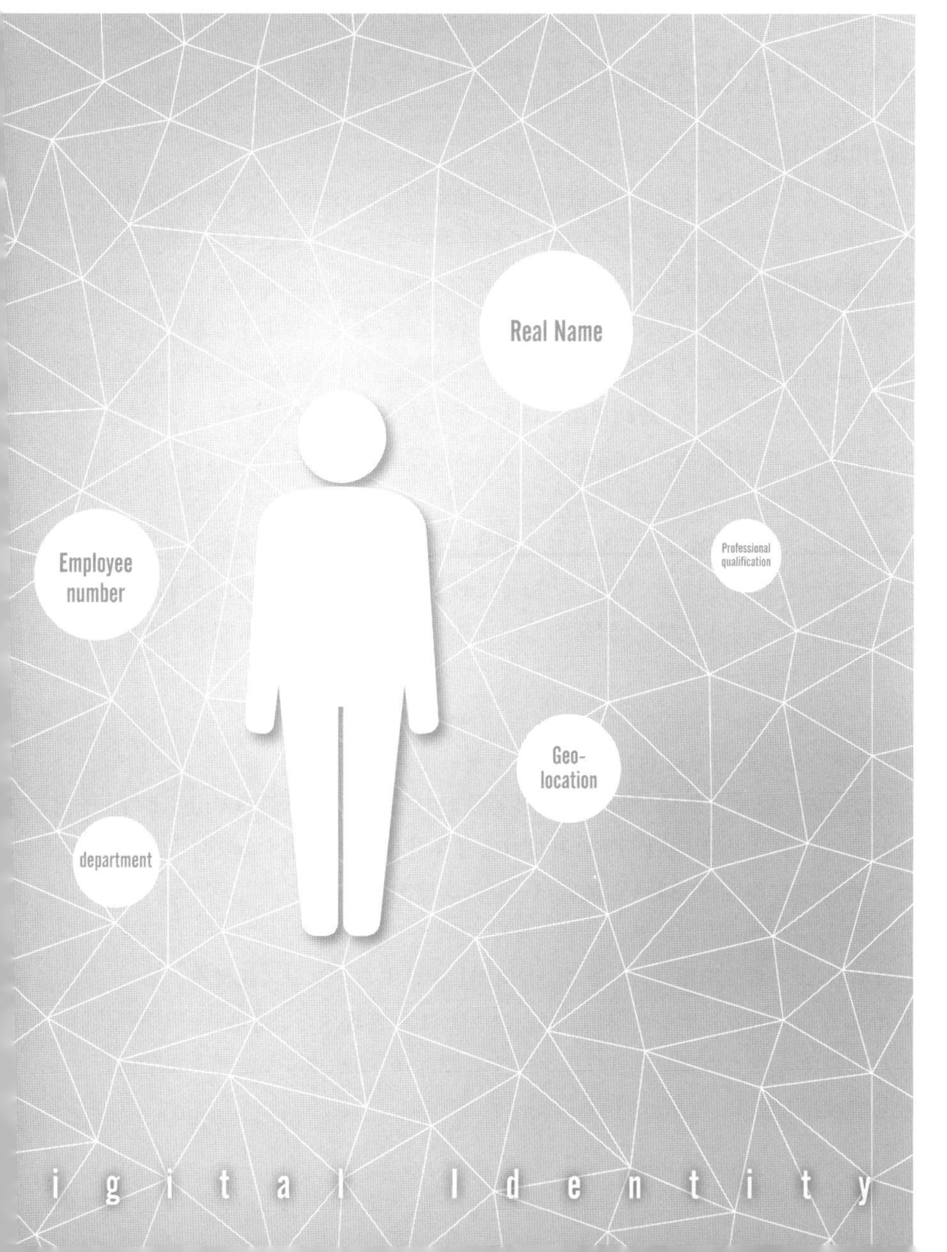

第1章で説明したように、デジタルアイデンティティーはサイバービジネスの本質です。本章ではアイデンティティー管理フレームワークを構築することで可能になることのうち、最も代表的な「アクセス制御」を説明します。

4-1 日常にあふれるアクセス制御

専門用語では「アクセス認可」という

情報システム内のリソース（資源）は、基本的に何らかのアクセス制御がかかっています。インターネット上で公開されているようなものに関しても、誰もが何の制限もなく自由に書き換えたり消したりできるものはほとんどなく、何らかのアクセス制御がかかっています。企業が提供するAPIにももちろん何らかのアクセス制御が必要になります。リソースに対してアクセス許可を与えることを、専門用語では「アクセス認可」と呼びます。「アクセス」を省略して単に「認可（Authorization）」と呼ぶことも多いです。

認可は日常生活にあふれています。例えば、電車に乗る際に通過する改札機は、有効な切符を持っているかどうかを確認して構内に入れるかどうかを判断しています。これは、「駅構内というリソースへのアクセス認可を実施している」と言えます。

APIのアクセス認可では「OAuth」がメジャー

APIへのアクセス制御で現在最も多く使われているのは、「OAuth」と呼ばれるプロトコルです。IETFと呼ばれる標準化団体が策定するプロトコルで、執筆時点（2021年5月）の最新バージョンは2.0です。

OAuthは、ある情報資源（ここではAPI）に対するアクセス認可を、第三者である「OAuthクライアント」が、アクセスを管理する「認可サーバー」から取得するためのフレームワークです。認可は「トークン」と呼ぶ文字列として取得します。

トークンとは、地下鉄に乗る際に用いるコインのようなものを指します（日本でいえば切符ですね）。日本ではあまり見かけませんが、海外ではよく見ます。筆者はカナダのトロントや中国の武漢で見たことがあります。

図表 4-1　トークン（乗車券）、トークン販売機、改札機
出所：筆者

地下鉄に乗る際、券売機にお金を入れて、トークンを購入し、購入したトークンを改札機に投入すると扉が開きます。こうして駅のホームに行くことができ、電車に乗れます。**図表4-1**左は武漢のトークン、同中央の「Tokens」と大きく書いているのはトロント地下鉄のトークン販売機（券売機）、同右は同じくトロント地下鉄のトークンを入れる改札機です。

4-2 アクセス管理システムの概要

4-2-1 アクセス制御の３ステップ

アクセス制御を行うシステムを「アクセス管理システム」と呼びます。情報システムにおけるアクセス制御も、地下鉄のトークンで説明した流れと基本的には同じです。一般に、次の３つのステップで行われます。

ステップ１：ユーザー認証

アクセスしようとしている主体は、ユーザー認証を通じて、認証済みアイデンティティーになります。このユーザー認証のプロセスは、通常それぞれのアクセスとは独立したプロセスとして取り扱われます。また、アクセスごとに実施するのではなく、セッション（ユーザーが行う一連の処理の始まりから終わりまで）ごとに行われます。この処理を行うシステムのことを「アイデンティティー管理システム」と呼びます。

ちなみに、「ユーザー認証」というと、ユーザー名とパスワードなどの認証手段の提示のような印象を受けますが、これに限りません。ユーザーが認証サーバーに要求する「属性」が「お金の支払い」であれば、主体が誰かは分からなくてもユーザー認証は成功します。

ステップ２：アクセス認可

ポリシーに基づいてアクセスを許すかどうかの決定（＝アクセス認可（Authorization））が下され、アクセスが許される場合、その旨を表すアクセストークンがユーザーに発行されます※。この処理を行うシステムを「認可システム」と呼びます。

※ 人間なりその他のエンティティーがリソースにアクセスしようとするときには、基本的に何らかのソフトウエアを用いてアクセスします。そのソフトウエアのことを、ユーザーが使っているエージェントという意味で「User-Agent」と言ったり、サーバーに処理を依頼する「クライアント」と言ったりします。トークンは、このソフトウエアを通じてやりとりされますし、リソースの受け取りもこのソフトウエアによって行われ、場合によってはユーザーに表示されます

ステップ3：認可の執行（enforcement）

認可の執行は、ユーザーが提示したトークンの内容に基づいて行われ、許される場合には、リソースへのアクセスが許されます。

上記3ステップを「利用活動（usage activity）」といいます。アクセス管理システムは利用活動の他に、アクセスポリシーを設定するなどの「管理活動（administrative activity）」も実施します。地下鉄の例で言うならば、料金プランを作って券売機に設定したり、どのようなチケットならば受け入れるかを改札機に設定したりという活動が「管理活動」に当たります。アクセス管理システムは、この両方を担当します。

4-2-2 アクセス制御される側が持つもの

アクセス制御される側のリソースは、次の性質を持っています。

- 個別リソースないしはリソースクラスに対する識別子およびメタデータ（属性）
- 許されるアクセス方法
- アクセス方法ごとのアクセスコントロール・ポリシー

このうち、1つ目の「識別子およびメタデータ（属性）」がリソースに付加されるデータで、3つ目の「アクセスコントロール・ポリシー」は多くの場合、認証済みアイデンティティーとメタデータに基づくルールです。メタデータは、一定のテンプレートに基づいて作成時に付加されることが多いですが、後から変更されることもありますし、テンプレートに基づかず一から与えられることもあります。

リソースにメタデータを付加する方法は2つあります。1つは、組織の管理者によって一括して制御・強制する「MAC（Mandatory Access Control；強制アクセス制御）」タイプ。もう1つは、リソースの作成者やシステムの利用者が制御できる「DAC（Discretionary Access Control；任意アクセス制御）」タイプです。アクセス管理システムは両方の機能を実装している必要があります。

4-2-3　アクセス管理システムの一般系「ABAC」

現在の一般的なアクセス管理システムは「ABAC（Attribute Based Access Control；属性ベースアクセス制御）」です。以前は、「IBAC（Identifier Based Access Control；識別子ベースアクセス制御）」や「RBAC（Role Based Access Control；ロールベースアクセス制御）」が一般的でした。

IBACは識別子ごとにアクセス制御

ABAC、IBAC、RBACの中で一番古いのはIBACです。IBACは、アクセスするユーザーや機器の識別子のみに基づいて実施されるアクセス制御です。ユーザー名だけでアクセスの可否を判断したり、IPアドレスやMACアドレスで判断したりするものも、広義のIBACに含まれます。IBACの一種として、（ファイルアクセス用）パスワードによるアクセス制御もあります。ユーザー識別子は、すべてのリソースに対して共通であることも、リソースごとに異なることもあります。後者を「PBAC（Pseudonym Based Access Control；仮名ベースアクセス制御）」と呼ぶこともあります。

RBACはロールごとにアクセス制御

IBACは識別子ごとにルールを書かねばならないので、数が多くなると管理負荷が重くなります。そこで、ロール（役割）という概念を導入し、アクセス制御はロールで行い、ユーザーの属性としてロールを持たせるようにしたのがRBACです。例えば、「○○部の管理職にはアクセスを許す」という場合は、「管理職」という属性をユーザーに持たせて、それが真であればアクセスを許すようにします。

RBACはかなり柔軟ですが、一つ大きな問題があります。ユーザーの動的な性質に基づいた制御が苦手ということです。RBACを導入するとロールの数が爆発し、ユーザー数よりロールが増え、運用が回らなくなることがあります。例えば、ユーザーの位置情報によってアクセスを制御しようとする場合などがこれに当たります。

ABACは任意の属性でアクセス制御

ABACはこうした問題を解決しています。「ロール」というある意味静的な属性のみをアクセス制御に使うのではなく、任意の属性を使ってアクセス制御を行います。例えば、位置情報としてGPS座標を使うことにして、刻々と変わっていくGPS座標とユーザーのその他の属性を組み合わせたものをポリシーで評価してアクセス制御を行うようなことができます。21世紀の初めにはすでに米軍関係で使われていたようですが、2020年になってようやく一般的になってきて、AWSなどでも使えるようになってきています。

ABACの論理的モデル

ABACの論理的モデルは**図表4-2**のようになります。この枠組の中では、まずエンティティー（利用者）が認証サーバーに対してユーザー認証に使う各種属性情報を提供し、これを受けて認証サーバーが認証済みアイデンティティーを作ります。ABACのアクセス制御は、この認証済みアイデンティティーをPDP（ポリシー決定点）、PEP（ポリシー執行点）のようなAPIが評価して進んでいきます。なお、このコンテキストにおける「点」とは「箇所」という意味で、具体的にはAPIのことだと考えてください。

図中にはこのような「点」がPAP、PIP、PDP、PEPの４つあります。これらは、以下の略です。

- PAP：Policy Administration Point（ポリシー管理点）
- PIP：Policy Information Point（ポリシー情報点）
- PDP：Policy Decision Point（ポリシー決定点）
- PEP：Policy Enforcement Point（ポリシー執行点）

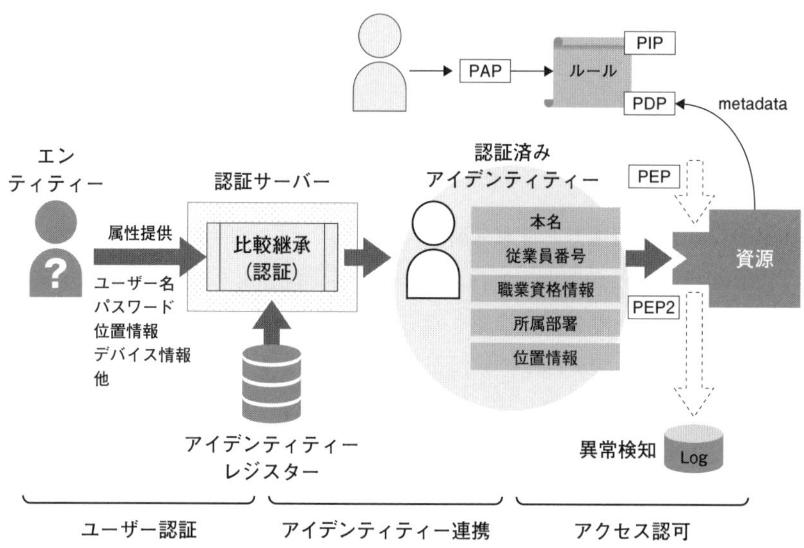

図表4-2　アクセス管理システムの一般モデル
出所：筆者

これらの単語の中で共通しているのは「ポリシー（Policy）」です。ポリシーとは、到着した認証済みアイデンティティーに含まれる各種属性情報と、アクセスしようとしている先の資源についての各種メタデータを入力とし、これらを評価し、アクセスを許すかどうかを決定するルールを記載したものです。IF文の固まりと考えればいいです。

こうしたポリシーは適宜管理・メンテナンスが必要ですが、これを行うためのインターフェースを提供するのがPAP（Policy Administration Point；ポリシー管理点）です。管理者はPAPのAPIを通じて、ポリシーを管理・更改します。

PIP（Policy Information Point；ポリシー情報点）はこうして設定されているポリシーの内容（情報）を取得するためのAPIです。これを通じて、現在設定されているポリシーを取得することができます。

ポリシーを取得する主たるアクターがPDP (Policy Decision Point；ポリシー決定点) です。PDPはPIPからポリシーを取得し、受け取った認証済みアイデンティティーとアクセス先の資源のメタデータをこのポリシーで評価し、クライアントのアクセスを許すかどうかを決めます。いわば門番が問い合わせる先の管理室です。認証済みアイデンティティーという身分証を見て、アクセスしようとしている先を見て、ルールに従って通すかどうかを決める、「通行許可証」を発行するのです。OAuthでは認可サーバー (Authorization Server) と呼ばれます。その場合、「通行許可証」は「アクセストークン」になります。

では門番は誰かと言うとPEP (Policy Enforcement Point；ポリシー執行点) になります。クライアントは資源にアクセスしようとした場合、必ずこのPEPの許可を得なければなりません。まさに門番です。門番たるPEPはクライアントに対して、一旦管理室であるPDPに行って身分証 (認証済みアイデンティティー) とアクセスしようとしている資源名を提出して許可を取ってくるように言います。クライアントからこれらを受け取ったPDPは上記のようにこれを受けて、アクセスを許すかどうかを決め、許可するのであればPEPに通行許可証 (OAuthではアクセストークン) を発行します。これを持ってクライアントは再びPEPに戻ると、PEPはその許可証の有効性を確認し、門を通します。

有効性の確認には、発行者、有効期限、アクセス先のみをチェックする方法と、加えてその許可証を持ってきている人が誰かを再度チェックし、許可証が発行されている相手と合致しているかどうかを確認する方法があります。前者の許可証のことを「持参人許可証 (トークン)」、後者のことを「利用者制限許可証 (トークン)」と呼びます。

なお図中には、PEPだけでなくPEP2も記載しています。PEPが上りを制限し、PEP2は下りを制限しているのです。これは、EUの資金で行われたTrusted Architecture for Securely Shared Services (TAS3) ※という研究プロジェクトで提唱されたもので、クライアントによる資源のアクセスによって返却される資源に変化が生じる場合、その結果が当初のPDPの想定とは異なる可能性を加味して、下りでもう一度評価をするように変えたのです。

※https://cordis.europa.eu/project/id/216287

4-2-4　モニタリングと異常検知

アクセス制御は、ポリシーや法令に関するコンプライアンスや調査目的のためにモニタリングされる必要があります。これはつまり、「アクセス管理システムは、監査可能なモニタリングおよび記録管理機能を兼ね備えていなければならない」ことを意味しています。

アクセス制御を実装したアクセス管理システムは、他の多くのシステムと同様に、「利用に関する活動」と「管理に関する活動」があります。「利用に関する活動」をモニタリングするには、アクセスをした主体の行動の内容と、その成否を含む次の項目を記録に残す必要があります。

- リソース識別子
- 当該リソースに対して主体が行おうとした操作
- アクセス決定（可否）およびその理由
- アクセスが行われたタイミング（日時分秒）
- アクセス主体の持っていたアクセス決定に係る属性（権限、ロール、その他の属性）
- アクセスしてきた主体を直接・関節に識別する識別子
- アクセス方法

「管理に関する活動」についてのモニタリングも、ほぼ同様です。違いは、対象とするリソースが通常のリソースではなく、ポリシー、アクセス対象となるリソースのメタデータ、環境変数などになることです。これらの変更に関しては、上記に加えて、その差分も記録に残す必要があります。

アクセス管理システムは、有効な「管理」のために、こうしたログから監査報告書を簡単に作るためのツールも兼ね備えているべきです。

モニタリングは記録を取るだけではなく、その記録に基づいて異常状態を検知しなければなりません。検知された状況によっては、システムの管理者や監査人にリアルタイムで通知したり、アクセスの遮断などの制御を行ったりすることも想定されます。どのような状況で通知を送るか、アクセス遮断などの対策を採るかはポリシーとして定め、文書化して運用されるべきです。

4-3 アクセス制御フレームワーク

4-3-1 OAuth 2.0

「OAuth (OAuth Authorization Framework) 2.0」は、現在最も普及しているAPIのアクセス制御フレームワークです。RFC6749とRFC6750をメインとする多数の規格の集合体です。よく「OAuth認証」などという言葉が使われますが、OAuthにはユーザーを認証する機能はありません。ユーザー認証はそれなりに拡張すれば可能ですが、はっきり言って、きちんとやるのはかなり難しいです。そこを正しく理解しないでOAuth2.0を“オレオレ拡張”してユーザー認証に使い、大きなセキュリティーホールを生んでいる例がかなりあります。ユーザー認証は多くの専門家の協力を得て、きちんと標準化されているものを使うべきです。現在、標準化されているのは「OpenID Connect Core 1.0」です。

OAuth 2.0の基本的なコンセプトは、「4-1　日常にあふれるアクセス制御」で述べた「改札」の役割そのものです。ある保護リソースにアクセスしようとするクライアントが、認可サーバーに依頼してリソース管理者の許可のもとにトークンをもらい、そのトークンを、リソースを守っている「改札」に提示し、リソースにアクセスします。

一方で、実は改札の事例は、OAuth 2.0にぴったり合致していないところがあります。それは、OAuth 2.0の前提によるもので、その前提とは、利用者（エンティティー）が管理者を兼ねることです。これは、OAuthの出自がSNS（ソーシャル・ネットワーキング・サービス）や写真共有サービスにおいて、ユーザー中心で制御しようというニーズであったことに起因します。ユーザー中心サービス以外にOAuthを適用しようとする場合、この点を理解した上で、どのようにカスタマイズして適用するかを考えなければなりません。

なお、OpenID Foundationで策定されている規格「CIBA（Client Initiated Backchannel Authentication）」はこのことを考慮し、利用者と管理者を分離しています。この規格を採用すれば、「システムの利用者はコールセンターのエージェントで、許可を出す人（＝管理者）は顧客」「システムの利用者は精算をしようとしている社員で、許可を出す人（＝管理者）は上司」といったユースケースを取り扱えるようになっています。

OAuthはフレームワークであって、RFC6749、RFC6750だけでなく、多数の規格が部品として提供されています。実際にシステムを作るときには、その中からユースケースに適したものを選択して使うことが必要です。ちまたでは「OAuthを使うこと」とだけを書いてある仕様書がありますが、それではしっかりとしたシステムを作れません。きちんとどのオプションをどう使うかなどを詰めて、プロトコルとして規定する必要があります。これは筆者が勝手に言っているのではなく、RFC6749の中に明示的に書かれています。本書の第３章で紹介したFAPIはそうしたプロトコルの一つです。

4-3-2　OpenIDとOAuthの違い

「OpenIDは認証、OAuthは認可」といわれますが、その言語の意味を取り違えている方が結構多い気がしています。「もうOpenIDなんていらない。OAuthだけでいい」という言説がよく流れてくるのがその証拠だと思います。ここでは、OAuthとOpenIDの違いに注目して説明します。

OpenIDは紹介状、OAuthは合鍵

まずはOpenIDの復習です。「OpenIDは認証」という言葉の意味を復習してみましょう。「認証」とは大変広い言葉でいろいろな場面で使われますが、「OpenIDは認証」という使い方の時は、「OpenIDは、いま来ている人の身元を認証する」という意味です。図にすると次のような流れになります（**図表4-3**）。この図では、伊部さんに対して有栖さんは自分が有栖であることを証明するために、公証人（Identity Provider）であるGoogleさんに紹介状を書いてもらっています。伊部さんは有栖さんのメールアドレスも必要なので、紹介状にはそれも書いてあります。これを有栖さんは伊部さんに渡しています。伊部さんは、「Googleさんの紹介なら信用できるだろう」と考えて、有栖さんが本当に有栖和歌子さんだと認めてあげ、様々なサービスを提供します。

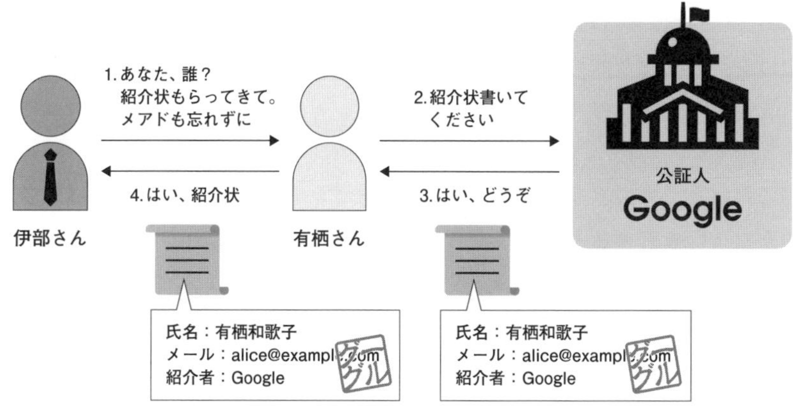

図表4-3　OpenID Connectの場合
出所：筆者

次に、OAuthで「認証」（これは「認証もどき」です）をしている場合について見てみましょう（**図表4-4**）。「認証もどき」としたのは、本来認証ではない行為を認証の代わりに使っているからです。

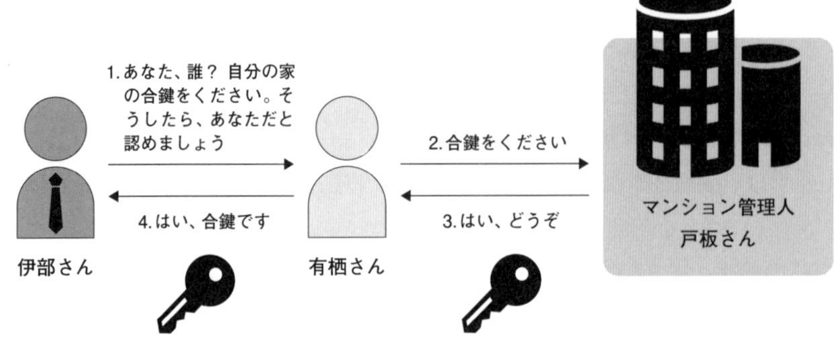

図表 4-4　OAuth での認証（＝認証もどき）をする場合
出所：筆者

ここでは伊部さんに対して、自分が有栖だということを証明するために、自分の表札がかかったマンションの部屋の合鍵を管理人（OAuth Server）戸板さんに作ってもらって、それを伊部さんに渡しています。OAuthはアクセス委譲プロトコルです。あるクライアントプログラムに、限定的な合鍵を作って渡すプロトコルなのです。伊部さんはこの合鍵で有栖さんの部屋に入って、「ほほう、たしかに有栖さんの部屋に入れた。ということは、あなたは有栖さんだと認めてあげましょう」となって、有栖さんに様々なサービスを提供します。

これはとても大きな問題をはらんでいます。この場合は合鍵を持ってきたのがたまたま有栖さんだったから良かったのですが、これが他の人だったらどうでしょうか。

筆者の事務所では、事務所の掃除をしてくれる方に合鍵を渡しています。多くの事務所がそうでしょう。この合鍵では機密文書があるキャビネなどにはアクセスできませんが、部屋に入ることはできます。しかし、上記の「認証もどき」では、この掃除をしてくださる方のことを、事務所の社長だと認識してしまうことになります。明らかにおかしいですよね。社長と認識するということは、全認可を取得することとほぼ同様ですから、これは深刻なアクセス権限昇格脆弱性になります。

さらに言えば、伊部さんは有栖さんのアクセストークンを取得できますから、有栖さんになりすますことができます。後述のFacebookアクセストークン漏洩事件は、まさにこのような状況でした。そして、これは新しい問題ではなく、以前から指摘されていたことです。筆者のブログで最もシェアが多い記事の一つは「単なるOAuth 2.0を認証に使うと、車が通れるほどのどでかいセキュリティー・ホールができる」※です。これは2012年の2月の記事で、「OAuth 2.0のimplicit grant flowを認証に使うと、大きいセキュリティーホール『カット&ペーストアタック脆弱性』が開く」ということを指摘しています。

※https://www.sakimura.org/2012/02/1487/

OAuthによる「認証もどき」は**図表4-5**のような流れになります。UAはUser-Agentの略でWebブラウザーを想定してください。Authzは、OAuthのAuthorization Endpointのことです。

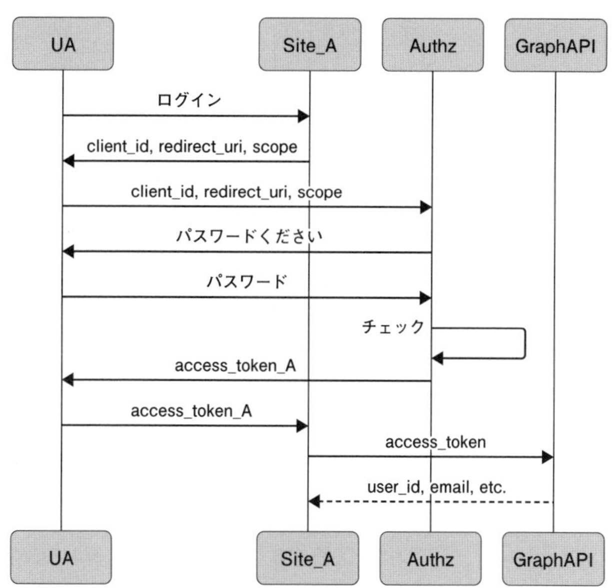

図表 4-5　認証もどきの流れ
出所：筆者

一見、問題なさそうですが、それはすべてのサイトが「良いサイト」ならばです。Site_Aが実は悪いサイトだったとしましょう。Site_Aはユーザーになりすませるアクセストークンを入手できますので、OAuthの「認証もどき」をやっている他のサイトにログインすることができます。前述の通り、宛先の書いていない合鍵を渡して、それを持っている人は誰でも「私の分身です」と言っているわけですから当たり前ですね。

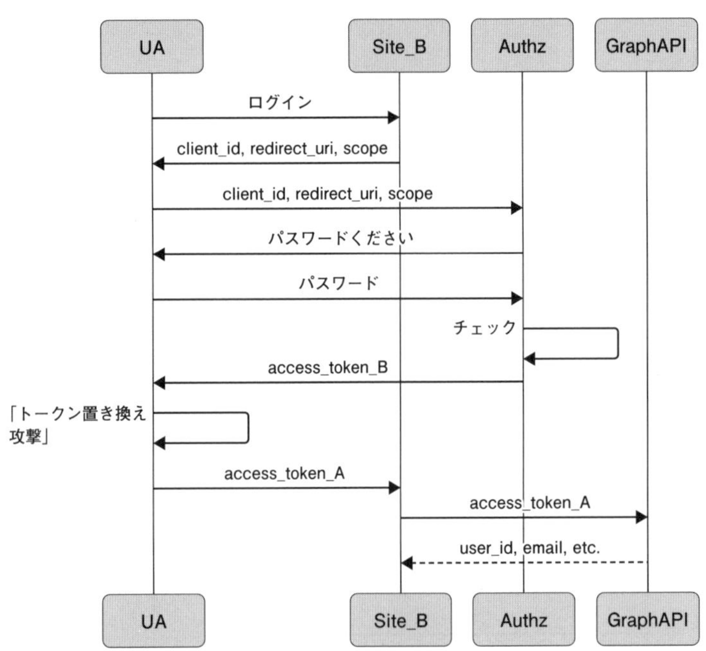

図表 4-6　OAuth のアクセストークン置き換え攻撃
出所：筆者

図表4-6で少し詳細に説明します。このフローの前に**図表4-5**が行われ、Site_Aはユーザー（この場合は被害者）のアクセストークン（access_token_A）を抜き取っているとします。**図表4-6**左側のUAは**図表4-5**のSite_A（攻撃者）が制御しています。Site_Bは別のサイトで、OAuthの「認証もどき」をしているとします。攻撃者はSite_Bにログインするのに、**図表4-5**と同じ

手続きを踏み、Authzは認証もどきをし、攻撃者向けのアクセストークン（access_token_B）を取得します。通常はaccess_token_BをSite_Bに渡しますが、攻撃者は、さっき取得した被害者のaccess_token_Aを代わりに渡します。Site_Bは、このトークンが本当はSite_A用のものだと認識する手段はありません。なので、Site_B向けのものとして受け取ってしまいます。

Site_BはGraphAPIにaccess_token_Aを投げ、emailやuser_idを取得しようとします。GraphAPIは、access_token_Aを送ってきているのがSite_Bだと認識する手段はありませんので、GraphAPIはSite_Aがリクエストしてきたのと同様に、被害者のemailやuser_idを送り返します。結果、Site_Bは、攻撃者を被害者としてログインさせてしまいます。これが「OAuthのアクセストークン置き換え攻撃」です。

これは、OAuthのstateパラメーターを使ってCSRF※対策をしていても防げません。つまり、OAuth 2.0のClientは、そのClient（サイト）にログインしたすべての人になりすまして、任意の他のOAuth対応サイトにログインできるのです。

※Cross Site Request Forgery

これは、OAuthの問題ではありません。OAuthは「Authorization Delegation Protocol = 認可を委譲するためのプロトコル」であって、ユーザー認証のためのプロトコルではないからです。はっきり言って、楽ちんだからといって、それを単体で認証の代わりに使っている方が悪いのです。

2012年の２月、筆者らはこうした「OAuth認証もどき」をやっているサイトをいくつかピックアップして検証してみました。結果は全滅でした。通常は、脆弱性があるとそのサイトに連絡して直してもらってから公表するのですが、対象となるサイトをすべて調べられる状況ではありませんでした。なので、当時は主要サイトとの連絡調整の後ブログで公開するという手段を採ったのでした。

そしてその6年後、同じことが繰り返され、5000万人のアカウントが奪取されるという事件が起きました。「Facebookアクセストークン漏洩事件」です。

Case report

事例　Facebookアクセストークン漏洩事件

2018年9月、Facebookを利用する5000万人のユーザーアカウントの情報が奪取されたことが大きな話題になりました※。詳細は明らかにされていませんが、外形的には「認証」と「認可」を混同したことによって起きた事件のように見えます。以下は、公開情報に基づいた筆者の推測です。

※ Evening Standard: Facebook hack: What is the 'view as' feature that was exploited?（2018年9月28日）<http://j.mp/36Yt8AX>（2021年2月10日アクセス）

Facebookはもともと、「View as Specific Person」という機能を提供していました。これは、自分のプロフィールを「○○さん」として見る機能です。「○○さん」を指定して、その人からどのように見えているかを確認できる機能です。Facebookは、事件が明らかになってすぐにこの機能の提供をやめてしまったので検証できていないのですが、様々な情報を総合すると、Webブラウザー上で稼働するJavaScriptのアプリケーションとして動作していた模様です。具体的には、このアプリに「○○さん」向けのアクセストークンを生成して引き渡して、そのトークンを使って自分のプロフィールページにアクセスして「○○さん」としてみたらどう見えるか、ということを表示していたようです。

このアプリはWebブラウザー上で稼働しているので、ユーザーはアクセストークンを抜き取ることが可能です。もし、このアクセストークンが「○○さんとして見る」ためだけのアクセストークンであればほとんど被害はなかったと思います。

問題は、このアプリ自身ではなく、「ビデオアップローダー」というアプリにありました。取得した「○○さん向けアクセストークン」を「ビデオアップローダー」アプリに与えると、「ビデオアップローダー」アプリはトークンを使って、そのトークンのユーザー（この場合は「○○さん」）のプロフィール情報を取得し、そのユーザーとして現行ユーザーを認証し、ビデオアップロード用のより権限の強い読み書き用アクセストークンを取得し、Webブラウザー上の「ビデオアップローダー」アプリにセットするようになっていました。

「ビデオアップローダー」アプリもJavaScriptで実装されたアプリだったので、このアクセストークンも抜き取り可能でした。しかも悪いことに、このトークンは、ビデオをアップロードするだけでなく、他のほぼすべての読み書きが可能な、大変権限の強いトークンでした。

こうして、「○○さん」のほぼすべてのリソースを読み書きできる「アクセストークン」を攻撃者は取得することができました。これを、自分のすべての友人に繰り返し、さらにその友人に繰り返しと続けることで、5000万人の「権限の強いアクセストークン」を取得した、というのがこの事件の真相と推定されます。

この問題の本質は、「認可」と「認証」を混同したことです。「ある人のプロフィール情報を読める」ということと、「その読める人がそのプロフィール情報の人である」ということは全く違います。

4-4 アクセス管理システムのステークホルダー

アクセス管理システムの機能というと利用時に必要になるものに目が行きがちですが、管理活動も重要な機能を担います。アクセス管理システムが持つべき機能を考えるには、どのようなステークホルダーがいるかと、それぞれのステークホルダーの関心事を洗い出すことが必要です。

アクセス管理システムのステークホルダーには、以下のような人々がいます。

- リソース管理者：リソースのライフサイクルを管理する人
- リソース作成者：リソースを作成した人
- リソース利用者：リソースにアクセスして利用する人
- アクセスポリシー管理者
- 運用監視者
- 監査担当者
- ユーザーサポート担当者
- ユーザー
- 当局

システムを設計する際、ステークホルダーごとの関心事を洗い出して、それを１つ以上のViewで記述する「アーキテクチャーディスクリプション」を作ることが重要です。多くの場合、表面に出る機能に目が奪われて、こうしたアーキテクチャー上の設計や配慮がなおざりになるので要注意です。

筆者の友人で、当時の日本の電子政府に関わる議論の中で先進的な事例としてしばしば取り上げられていたデンマークの市民ポータルを作った担当者の言葉を紹介しておきます。

「政治家は、立派な駅を作ることが票につながるから、駅の建物を立派にすることに固執する。しかし、鉄道の本質は、レール網と列車および運行システムだ。我々は残念ながら、立派な駅を作ってしまった」（あるデンマークの官僚）

友人が携わった当時の市民ポータルは、使い勝手に偏重し、肝心なデータ連携や裏側の運用をなおざりにしていました。市民ポータルは実はPDFワープロとしての機能しか持っていなく、裏側ではPDFファイルが役所を駆け巡るようになっていたのです。これに対してオーストリアでは、データはすべて構造化データ（当時はXML）として連携され自動処理されていました。友人の言葉は、その差を嘆いたものでした。なお、デンマークの名誉のために書いておくと、市民ポータルver.2ではしっかりこのあたりを修正していました。

第５章　企業にとってのアイデンティティー管理

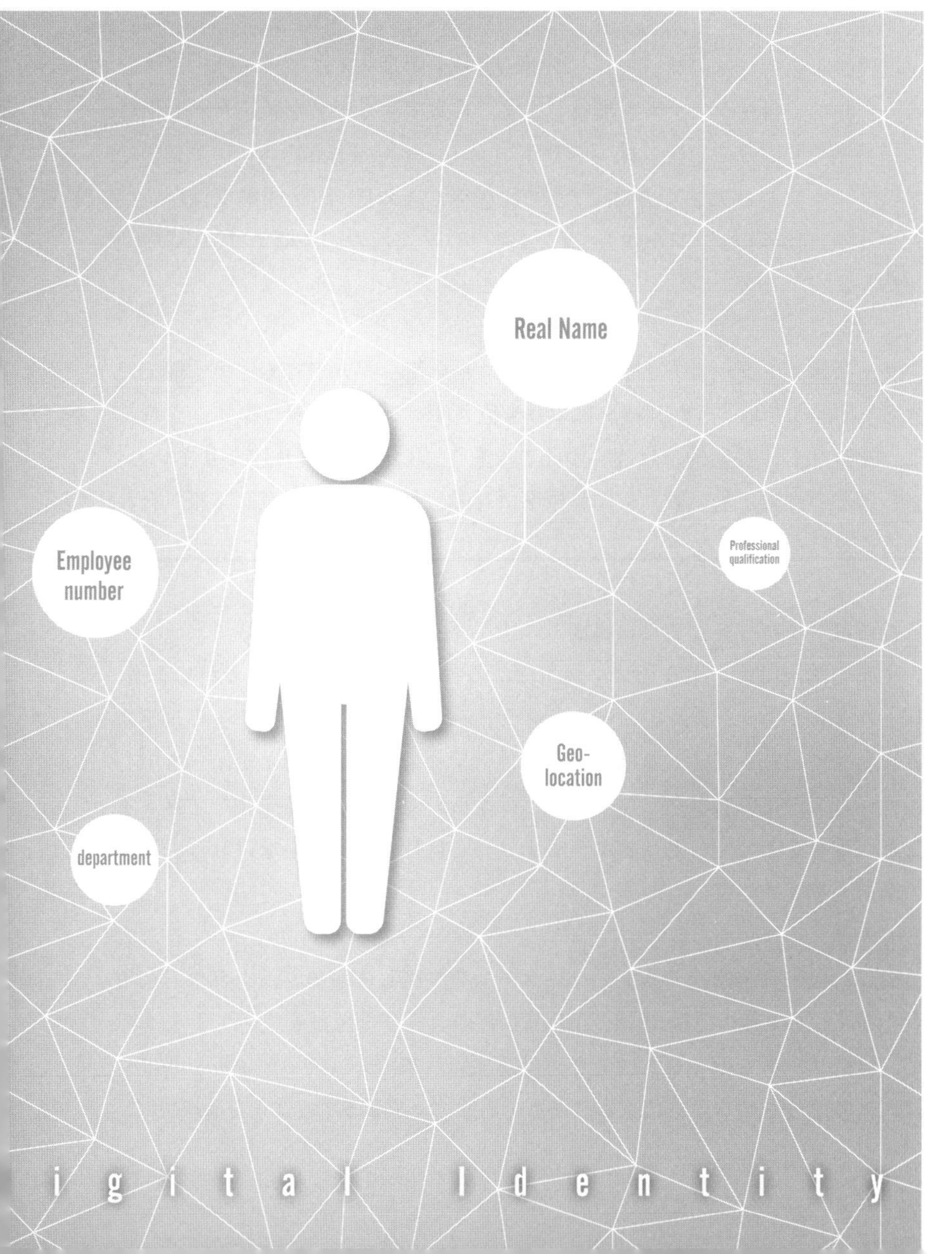

5-1 主体的アイデンティティー管理の重要性

第５章では視点を変えて、企業が構築する自社システムの観点で、デジタルアイデンティティーをどのように考えていけば良いのかを説明します。

現代的な企業では、サービスベンダー各社が提供するクラウドサービスを組み合わせて自社システムを構築します。複数のサービスを組み合わせるには、当然やりとりを可能にするプロトコル（ルールのようなもの）が必要です。プロトコルは大きく分けて、「プロプライエタリ（国際標準ではないベンダー独自仕様）なプロトコル」と、「クラウド連携の国際標準プロトコル」があります。

サービスベンダーは「当社独自プロトコルを使った方が安く・早く構築できる」と言うでしょうが、それは取りも直さずベンダーにロックインされることを意味し、長期的には高くつくことを念頭に置かなければなりません。よっぽどの理由が無い限り、国際標準に対応したサービスを選んで組み合わせることになるでしょう。

自社認可サーバーを立てない構成

本章の論点はここからです。国際標準の各種サービスを組み合わせる際、核となるのが「デジタルアイデンティティー」です。クラウドサービスを組み合わせて自社システムを構築する際、デジタルアイデンティティーを中心にサービスが組み合わされていくことになるので、ここに自主権を確立することが重要なのです。アイデンティティーを自社で制御できなければ、全体の制御権を失うことになります。

先に、自主権を確立できていないケースを説明しましょう。クラウド利用者の多くはGoogleやMicrosoft、LINEなどのユーザー認証を受けていますので、自社サイトもそうしたベンダーの認証済みアイデンティティーを基に受け入れて認可させるようにすることもできます。**図表5-1**のような構成です。

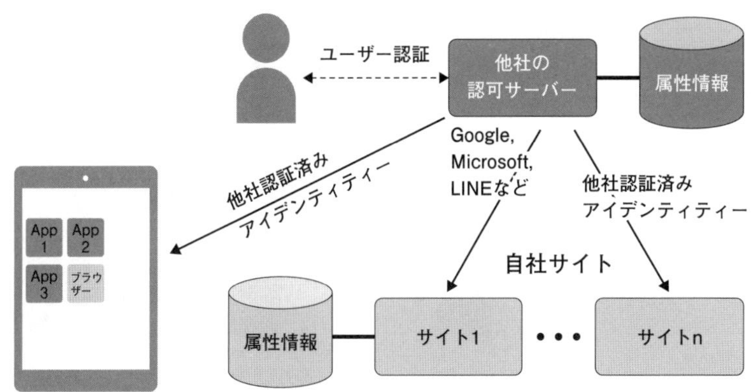

図表 5-1　自社認可サーバーを立てない構成
出所：筆者

ただこの構成では、他社の認証済みアイデンティティーのフォーマットがいつ変更されるか分かりませんし、たとえフォーマットが同じでも、当該ユーザーのアカウントが凍結されたり削除されたりした場合、自社のすべてのサイト（図ではサイト１からサイトn）やアプリで変更が必要になります。サイトやアプリの数が少ないときはあまり気にならないかもしれませんが、数が多くなってくると大きな負担となります。

自社認可サーバーを立てる構成

図表5-1のような構成では自社サイトのアイデンティティー管理を自社で制御できておらず、他社に依存することになります。自社サイトの自主権を確立するには、自社向けの認可サーバーを立てるのが肝要です（**図表5-2**）。そうすれば、他社のID変更は自社認可サーバーに局所化できます。

１人のユーザーに対して複数の外部IDとクレデンシャルを結びつけるようにしてあれば、ある外部サービスでアカウントが凍結されても影響は極めて限定的ですし、クレデンシャルをユーザーが無くした場合にも対応しやすくなります。無くしたクレデンシャルを無効化し、残ったクレデンシャルを使って新しいクレデンシャルを登録してもらえばよいからです。またこの構成なら、ユーザーが実際にどのサイトを利用したのか、外部のIDサーバーからは分からないというメリットもあります。

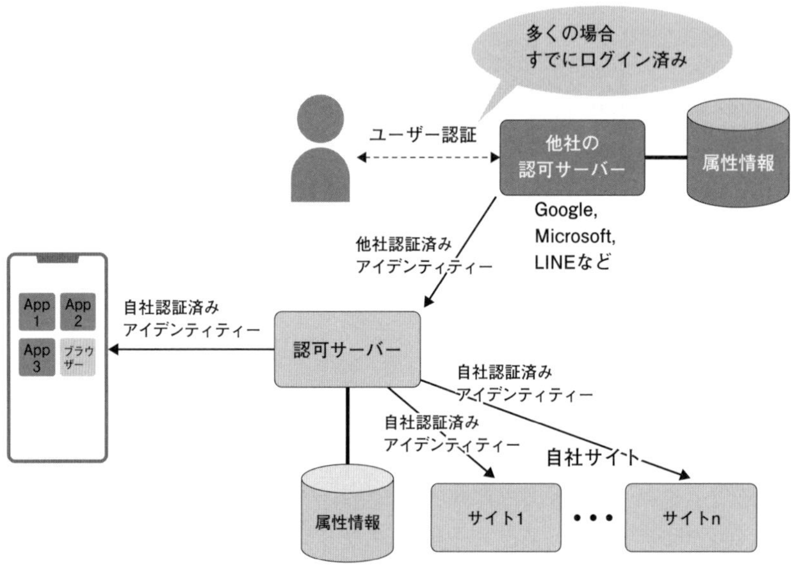

図表 5-2　自社認可サーバーを中心とした構成
出所：筆者

5-2 アイデンティティー主権確立の実装パターン〜OpenID ConnectとOAuth 2.0

では**図表5-2**のような構成を、OpenID Connect 1.0とOAuth 2.0を使って実装してみましょう。中心になるのはOpenID Connect／OAuth Clientとしての認可サーバーで、この認可サーバーは他社のIDに対するサービスサイトの役割も果たします。ここでは「自社IDサーバー」と呼ぶことにします（**図表5-3**）。

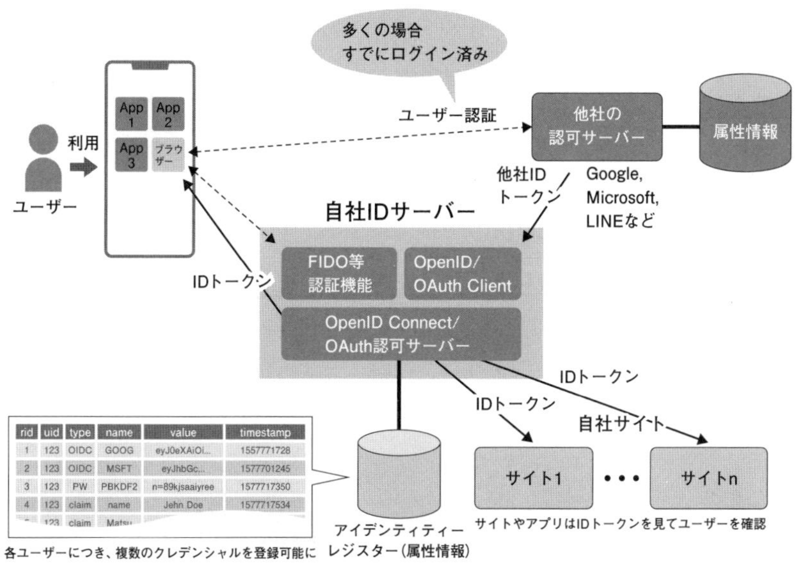

図表 5-3　OpenID Connect ／ OAuth 2.0 で自社認可サーバーを構築した場合
出所：筆者

自社IDサーバーには、ユーザーの属性を保存するための「アイデンティティーレジスター」があります。この中には、ユーザーの使う様々なクレデンシャルやユーザーの氏名などの属性情報が登録されています。重要なことは、アイデンティティーレジスターには、各ユーザーの複数のクレデンシャルを登録できる点です。**図表5-3**のアイデンティティーレジスターにはそのイメージを表形式で示しています。

ユーザーは、スマートフォンやPCなどの機器を通してサービスを利用します（**図表5-3**のスマートフォンのアイコン）。スマートフォンの中には各種の自社アプリがインストールされている他、Webブラウザー（iOSならSafari、AndroidならChrome）もインストールされています。ユーザーはアプリを使ったり、Webブラウザーを使ったりしてサイトにアクセスします。

Googleを使うユーザーがサイト１を利用する際の流れ

ここで、Googleを普段使っているユーザーがWebブラウザーを使って「サイト１」を利用しようとしたとしましょう。ユーザーはサイト１にアクセスします。この段階ではユーザーは認証されていませんから、サイト１は誰が来たのか分からず、アクセスを拒否し、ユーザーに「認証情報を持ってこい」と要求することになります。このときユーザーが連れて行かれるのは、中央にいる「自社IDサーバー」です。このサーバーは、当該ユーザーに関する有効なセッションを持っていない限り、ユーザーに認証を求めます。このときの認証クレデンシャルは、「自社IDサーバー」に直接登録されたFIDOクレデンシャルやパスワードのような、直接ユーザーが登録するクレデンシャルかもしれませんし、他社から得られる認証結果かもしれません。

このユーザーの場合はGoogleをメインの認証サーバーとして使っているので、Googleの発行するIDトークンが主に使われるクレデンシャルとなります。ユーザーが訪れるのが２回目以降であれば、「自社IDサーバー」はユーザーがどのクレデンシャルを使おうとしているか分かりますので、この場合はGoogleの認証エンドポイントにユーザーを連れて行けばよいということになります。あるいは、Googleボタンなどをユーザーに示して、今回使用する認証サーバーを選んでもらうのでもよいかもしれません。

いずれにせよ、OpenID Connect／OAuth Clientとしての「自社IDサー

バー」は、認証要求を作成して、該当する認証サーバーに投げます。このユーザーの場合はGoogleに投げる形になります。認証要求の投げ方ですが、現状一番多く見られるのはHTTPリダイレクトを使う方法です。このとき、OpenID Connectでは、要求に「prompt=none」というオプションを付けることで、既存のユーザー認証セッションがある限りユーザー認証ダイアログを飛ばすことができます。

ユーザー認証が何らかの形で成功すると、認可コードがGoogleのアイデンティティーサービスに対するクライアントとしての「自社IDサーバー」に戻されます。「自社IDサーバー」はこの認可コードと、自らが保存するクライアントクレデンシャルを使って、当該ユーザーを説明するIDトークンをGoogleから取得し、署名検証などIDトークンの確認プロセスに従ってその内容を確認します。

成功すれば自社IDサーバーは、このIDトークンから「iss」と「sub」(3-1-1参照)を取り出し、アイデンティティーレジスター内で該当するユーザーを探し、そのユーザーの内部識別子を取得します。これを使って新たに自社IDトークンを生成し、サイト1に引き渡します。サイト1はこのIDトークンを検証し、そのユーザーのログインを許可します。

ユーザーが使っているのがサイトではなく自社アプリでも大枠は一緒です。この場合、アプリがin-app Browser Tab※を立ち上げて、該当する認証URLにユーザーを導き、そこで認証を受けます。ユーザーが使っていたのがWebブラウザーであれば、そのWebブラウザー内でユーザーは認証URLに到達します。

※iOSであれば「ASWebAuthenticationSession」、Androidであれば「Chrome Custom Tab」のようなシステムブラウザー

第6章　高度化するアイデンティティー管理

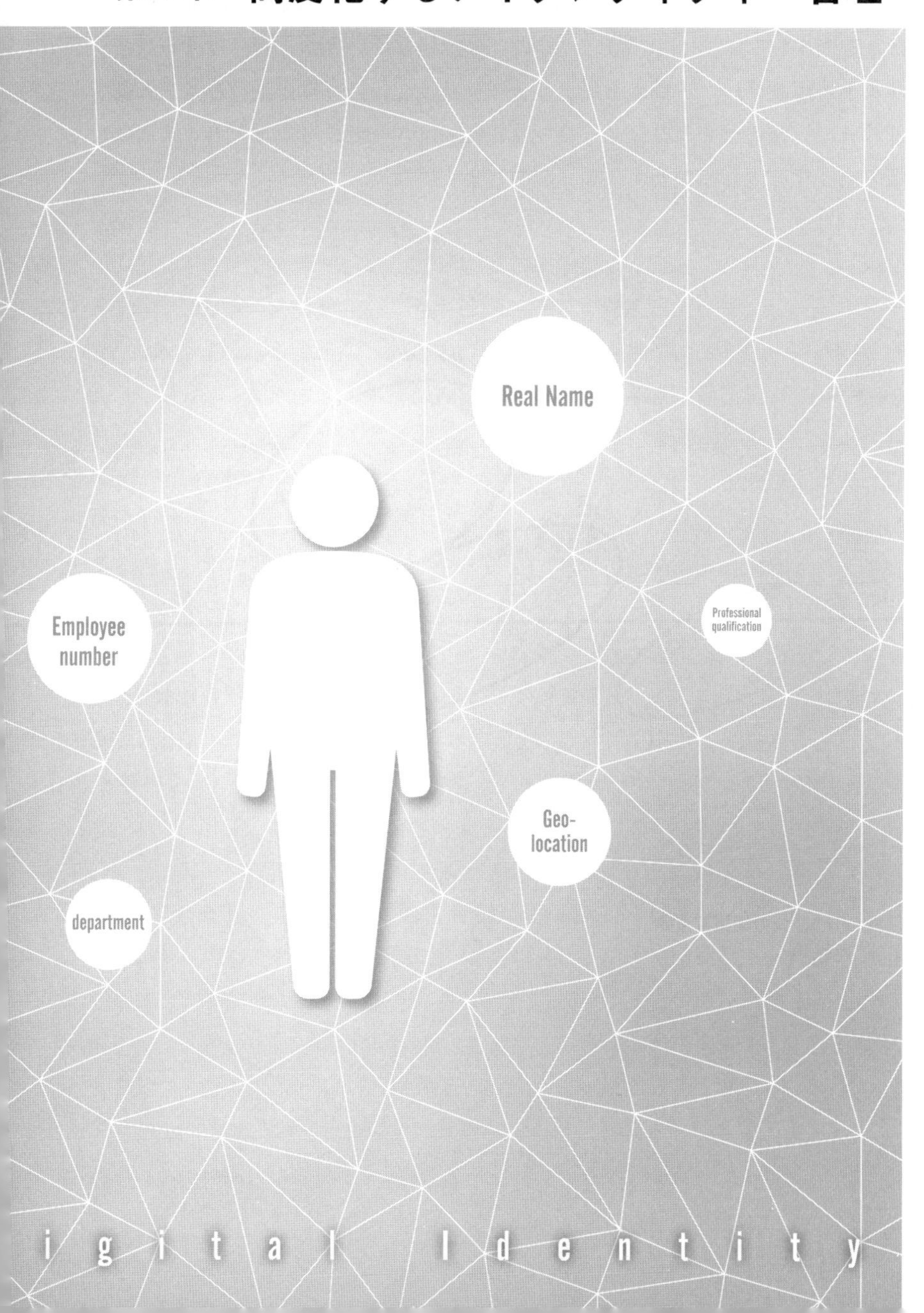

6-1 3つの高度認証化

次に認証高度化の動向について検討しましょう。ここ数年の認証高度化は、**図表6-1**に示した「A」「B」「C」の部分で起きています。「A」はサービスサイトと認証サーバー間のセキュリティー高度化、「B」は認証デバイスと認証サーバー間のセキュリティー高度化、「C」はユーザーと認証デバイス間認証の高度化を表しています。順に説明します。

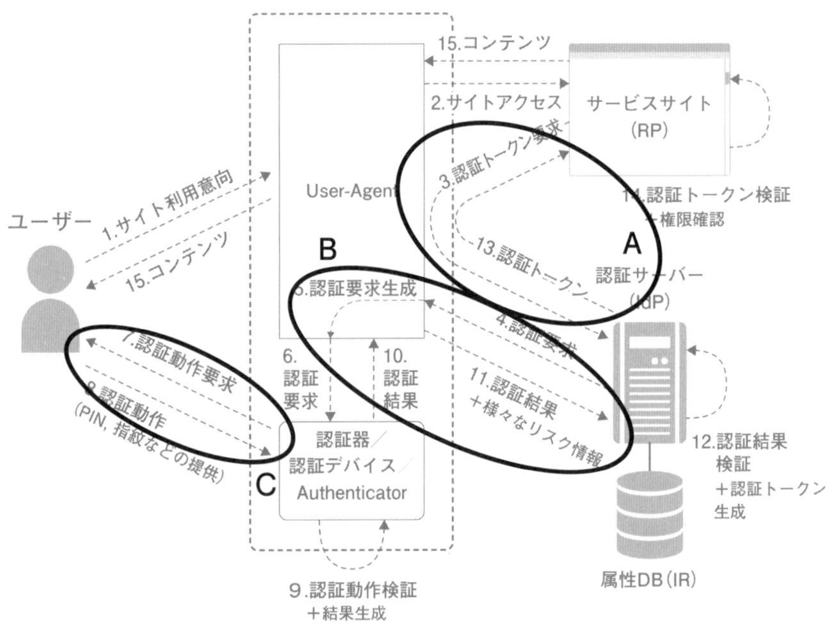

図表 6-1　３つの認証高度化
出所：筆者

6-2 サービスサイトと認証サーバー間のセキュリティー高度化／FAPI

認証サーバーとサービスサイト間のやりとりは認証連携で、代表的なプロトコルは「OpenID Connect」です。認証連携の高度化を必要とする事例は多く、例えば金融APIの公開などもそうですし、航空業界における旅客情報の連携や、健康・医療データの連携に使われるAPIなども、こうした高度セキュリティーを満たすべきとされます。OpenID ConnectとOAuthの文脈だと、「FAPI(Financial-grade API)」セキュリティープロファイルが該当します。

FAPIセキュリティープロファイルは、「OAuth 2.0」および「OpenID Connect」のどのオプションを使ったらよいかを具体的に示した規格文書群です。アイデンティティー連携やAPIセキュリティーに特化した国際標準化団体「OpenID Foundation」のFAPI(Financial-grade API) WG(作業部会)で策定が進んでいます。その文書群には「ベースライン・セキュリティー」と「アドバンスド・セキュリティー」の２種類があります。

OAuth 2.0はフレームワークであり、広い範囲のユースケースをカバーできるように作られています。その対象とする「環境制御レベル」は、大変高いものから、オープンなインターネット環境のように大変低いものまで様々です。また、対象とする「リソースの価値」も、ほぼ公開されているような低いものから、人の生死に関わる大変高いものまで様々です。

RFC6749とRFC6750で規定されているような持参人トークンを使うモデルは、対象の価値が低いケースの他、OAuth以外でセキュリティーが担保されているような環境制御レベルの高いケースに使えますが、環境制御レベルが低く、対象の価値が高いものは不向きです。その部分に適用されるのがFAPIです。**図表6-2**はOAuth 2.0の枠組みにおけるFAPIの位置付けを示しています（図の右上）。

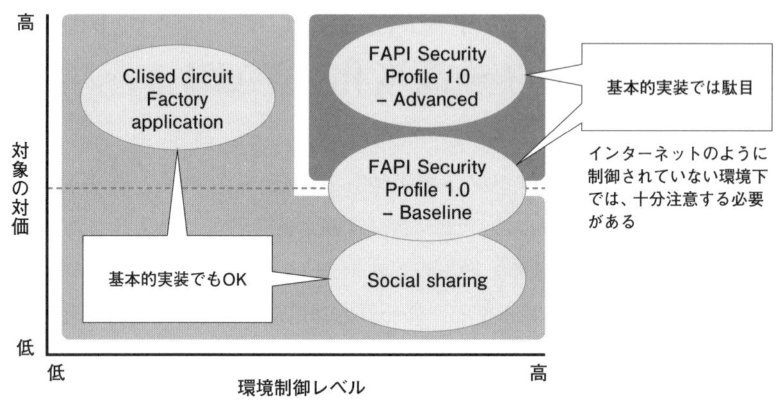

図表6-2　FAPIの位置付け
出所：筆者

比較のためにRFC6749における、発信者（sender）・受信者（receiver）・メッセージ（message）認証（authentication）の状況を見てみましょう（**図表6-3**）。これから見て取れるように、RFC6749では多くのケースで実は認証が効いていません。この状況では、現在は脆弱性が見つかっていなくても、将来脆弱性が出てきても驚きはありません。

図表6-3　RFC6749における各種認証の状況
出所：筆者

	送信者認証	受信者認証	メッセージ認証
認可要求	Indirect	None	None
認可応答	None	None	None
トークン要求	Weak	Good	Good
トークン応答	Good	Good	Good

これに対処するために、「FAPIのアドバンスド・セキュリティー」ではすべての通信に署名を付けて改ざんを防止、発信者認証を可能にしています（**図表6-4**）。

図表 6-4　FAPI 1.0 アドバンスド・セキュリティーにおける各種認証対応の状況
出所：筆者

	送信者認証	受信者認証	メッセージ認証
認可要求	Request Object	Request Object	Request Object
認可応答	Hybrid Flow	Hybrid Flow	Hybrid Flow
トークン要求	Good	Good	Good
トークン応答	Good	Good	Good

認証要求・応答の種類を図示すると、**図表6-5**のようになります。

図表 6-5　OAuth の各種 Grant ／ Flow との比較
出所：筆者

セキュリティーレベル	機能セット	適用
高	JWS Authz Req w/Hybrid Flow	認可要求の保護
	Hybrid Flow ※1 (confidential client)	認可応答の保護
	Code Flow (confidential client)	クライアント認証
	Implicit Flow	クライアント認証無し
低	Plain OAuth	Anonymous

※1　stateインジェクションの回避のために、's_hash'を含む

FAPIの特徴の一つは、持ってきた人が誰であっても有効な「持参人トークン（Bearer Token）」を廃し、当該トークンに対応した秘密鍵を持っていないと利用できない「使用者制限トークン（Sender Constrained Token）」を採用したことにあります（**図表6-6**）。

図表6-6　トークンの種類とセキュリティーレベル
出所：筆者

セキュリティーレベル	トークンの種類	適用
高	記名式トークン (Sender Constrained Token)	PASS 発行を受けた者しかトークン利用不能
低	持参人トークン (Bearer Token)	盗難されたトークンも利用可能

発信者の署名が付いているため、送信否認も困難になっており、裁判における証拠性も期待されます。セキュリティー検証も進んでおり、通信の傍受・改ざんが可能という強い攻撃者に対しても耐性があることが、シュツットガルト大学の形式検証チームによって示されています※。こうした特徴からすでに英国のオープンバンキング標準、オーストラリアの消費者データ標準、ブラジルのオープンバンキング標準、米国の金融機関とFintechの集まりであるFDX（Financial Data Exchange）標準など、次々と採用が続いています。

※　Daniel Fett、Pedram Hosseyni, Ralf Kuesters: An Extensive Formal Security Analysis of the OpenID Financial-grade API, Security & Privacy 2019.

一方、FAPIのベースライン・セキュリティーは、通信に対する署名は省略されていますので、否認防止機能はありません。しかしながら、簡略化された形ではありますが、OAuth PKCE[RFC7636]などを駆使し、既知の多くの攻撃に対応しているため、特に高いセキュリティーが要求されるケース（医療情報などの特に機微な情報の読み出しや、大きな金額の送金など）を除いて対応できると考えられています。

6-3 認証デバイスと認証サーバー間のセキュリティー高度化／FIDO認証

次は、WebブラウザーやアプリなどのUser-Agentを経由した、認証デバイスと認証サーバー間の認証情報のやりとりの高度化です。代表例はFIDO2です。FIDO2はW3Cの制定する「Web Authentication」という規格と、FIDO Alliance が制定する「CTAP（Client to Authenticator Protocol）」の組み合わせで実現される高度認証の仕組みで、MicrosoftやGoogleによってOSにもプラットフォーム認証器（Platform Authenticator）として実装・提供されています。

Android 7とiOS14以降はFIDO2対応

2019年は、Android 7以降を搭載したスマホがすべてFIDO2対応になったことで、本格的普及の第一歩を踏み出した年でした。Android 7以上のバージョンのユーザーは、2019年10月30日時点で日本国内ユーザーの約86%（参照：スマタブinfo）に達しています。また、2020年9月17日にリリースされたiOS14でもサポートされました。このことから、日本国内居住者の手元にはFIDO認証器（認証デバイス）があることになります。

User-Agentがアプリであったとしても、一旦はWebブラウザーを呼び、そこ経由で認証デバイスを呼ぶことになります。こうすることによって、OSプラットフォーム自身が提供する機能を使うことができるようになるからです。OSがサポートしていない場合でも、この機能をサポートしているWebブラウザーと外付けの認証デバイスを使えば、同様のことが実現できます。外付け認証デバイスの多くはUSBとNFCないしはBluetoothをサポートしているので広い範囲で利用可能です。iOS機器用には、Lightning端子を持ったものも発売されています。

FIDO2では、User-Agentと認証サーバーの間は、通常のJavaScriptセキュリティーとTLS通信による保護となっています。目論見ではIETFで標準化されているToken Bindingを使ってここの中間者攻撃耐性も強化する予定でしたが、2018年にChromeがToken Bindingのサポートをやめたことによって宙に浮いてしまいました。とはいえ、認証サーバーごとに異なる鍵を使うというFIDO2の特徴上、中間者攻撃を行うのは依然として比較的困難であるとは言えると思います。

２段階認証

2019年の７月には、セブンペイ事件の絡みで高度認証の代表例として２段階認証が報道などで話題になりました。これは、ワンタイムパスワード（OTP；One Time Password）を生成する機械やソフト、SMSなどで送られるワンタイムパスワードを使って認証する仕組みです（**図表6-7**）。

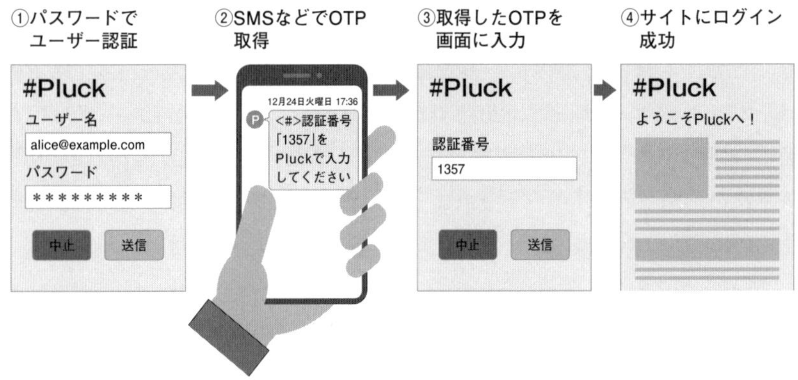

図表 6-7　典型的な２段階認証の例
出所：著者

次のような流れになります。

(1)　まずパスワードでユーザー認証を行い、これに成功すると
(2)　SMSでワンタイムパスワードが送信され
(3)　このワンタイムパスワードの認証番号を元の画面に入力し、この値が正しければ

(4) サイトにログイン成功する

２段階認証は、単なるパスワード認証よりセキュリティー的に望ましいのは論を待ちません。ワンタイムパスワードの導入によっていわゆる「リスト型攻撃」などのいくつかの攻撃を排除できるからです。「リスト型攻撃」とは、どこかで漏洩したユーザー名とパスワードの組み合わせを試すことによってログインする攻撃です。もう一つ防げる攻撃として、「パスワードスプレー攻撃」があります。これは、よく使われるパスワードを選び、パスワードを固定してユーザー名を変更する攻撃です。ワンタイムパスワードを導入すれば「パスワードスプレー攻撃」も無効化できます※。

※ただし、当該ユーザーがそのパスワードを使っていることは攻撃者に分かってしまいます

ただし、最も重要な攻撃の一つであるフィッシング攻撃に、ワンタイムパスワードは効果が薄いのです。ワンタイムパスワードをフィッシングし、リアルタイムで本当のサイトに対して使えば、保護を突破できるからです。実際、警察庁の発表によると、2019年9月から不正送金事犯が急増していますが、これらはフィッシングサイトを使ったワンタイムパスワードの詐取によるものが多いようです。この結果、不正送金事犯発生数は2012年以降最多、被害額は２番目に多い水準となっています（**図表6-8**）。

このことからも分かるように、現代的な高度認証の方法として、ワンタイムパスワードは不十分です。FIDO2やそれに類するフィッシング耐性のある認証方法の導入が望まれます。

また、同時に、「モニタリング」や「リスクベース認証」と呼ばれる方法も導入すべきです。これらは、本来あるべき行動をベースラインとして、これに比較して異常な行動を検出するというものです。通常そのユーザーがアクセスしてこないIPアドレス範囲や地理的な場所、時間からのアクセスを検出するなどというのはその一例です。たとえFIDO2認証器を使っていても、それを盗まれたり、あるいは脅迫されて使っていたりということもあり得ま

す。銀行だと、口座売買の一環として売り払われてしまうこともあり得ます。こうしたことを検出するには、やはり「モニタリング」「リスクベース認証」などの異常検知は欠かすことができないのです。

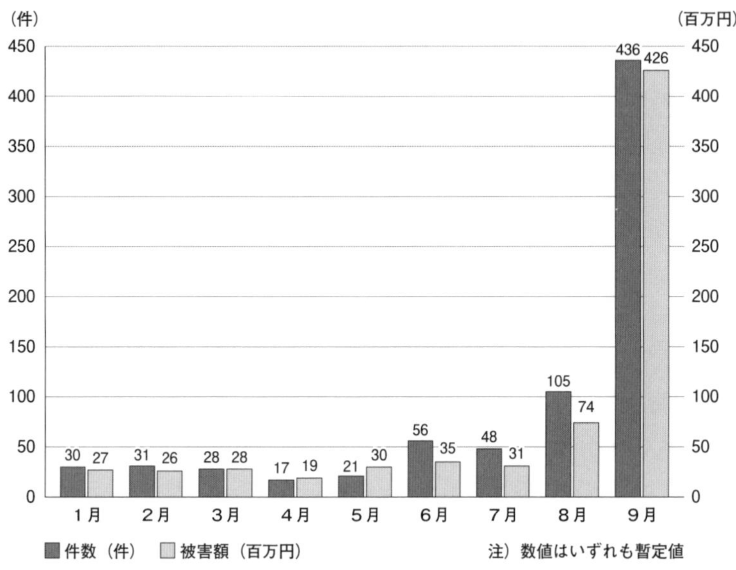

図表 6-8　不正送金事犯発生状況（令和元年９月末現在）

出所：警察庁サイバー犯罪対策プロジェクト「フィッシングによるものとみられるインターネットバンキングに係る不正送金被害の急増について（全銀協と連携した注意喚起）」https://www.npa.go.jp/cyber/policy/caution1910.html

6-4 利用者と認証デバイス間認証の高度化／バイオメトリクス

利用者と認証デバイス間の認証は、最もユーザビリティーに影響する部分です。利用者認証で一番脆弱な部分は利用者自身です。「強いパスワードを設定せよ」「パスワードを使い回すな」と言ったところで、多くの利用者にとってはその通りに実施するのは難しく、スマートフォンでも、指紋認証が普及するまでは端末にパスワードを掛けていない人が多かったのは事実として残っています。理由は「面倒だから」です。

指紋認証や顔認証などのバイオメトリクスの導入は、この「面倒臭さ」から利用者を解放しました。「面倒臭さ」が完全に解消されたわけではありませんが、許容範囲内に収まることによって、端末ロックの利用率は飛躍的に上がりました。

バイオメトリクスのセキュリティー強度

セキュリティーレベルを高めようとするときには、利用しやすさを忘れてはいけません。バイオメトリクスの提供した「便利さ」によって、パスワードから高度認証へと利用者を誘導することができるなら、積極的に採用すべきであると考えられます。

一方で、こうした「生体認証」に対する過剰な期待も戒めなければなりません。生体の状況が日々変化するという事実と向き合う性質上、原理的に、本人であるにもかかわらず本人ではないと誤認識してしまう「本人拒否」と、他人であるにもかかわらず本人と誤認識してしまう「他人受入」が起こります。この2つはトレードオフの関係にあり、他人受入率を限りなく0にしようとすると本人拒否率が高くなってしまうため、実用化されている生体認証では、ある程度の他人受入率を許容しています。

そのため、一般的に使われる生体認証のセキュリティーレベルは３桁の暗証番号と同程度ともいわれます。指紋認証などを設定したスマートフォンで、定期的に「セキュリティー強化のためにPINを入力してください」などと聞かれるのはそのためです。PINやパスワードの方がセキュリティー的に強いからです。

バイオメトリクスの問題

また、生体認証には「複製」の問題や「ウルフデータ」と呼ばれる問題もあります。

複製の問題とは、指紋などの生体情報を複製して突破してしまう攻撃です。グミで作った指で指紋認証を突破した、横浜国立大学の松本教授の研究などが有名です。指紋の採取は、コップに残った指紋を使う方法や、ピースサインをしている高解像度写真から指紋を取得するなどの方法が考案されています。後者は、虹彩認証にも応用できるようです。デジタルカメラやスマートフォンによる写真が高解像度化した副産物ですね。

ウルフデータの問題とは、生体認証システムが機械学習を用いていることを逆手に取った攻撃です。機械学習が対応できるのは、原則学習データの範囲内に限ります。したがって、学習データに入っていないデータ、例えば静脈認証に対して大根で作った人工指を示すと、思いもかけない挙動を示し、突破できてしまうことがあります。

しかしこうした欠点は、**図表6-1**の「B」で示したような認証器と１対１で組み合わせることによって克服可能です。認証器を当人が制御していることが前提となるためです。逆に言えば、こうした認証器との組み合わせを行わない、素の“生体認証”は警戒すべきということになります。“生体認証”と引用符を付けたのは、専門家はこれを認証とは呼ばないからです。

筆者はこの分野の専門家ではありませんが、専門家によると、このようなものは「Biometric Identification（生体識別）」といって、「Biometric Authentication（生体認証）」とは分けているとのことです。生体識別を生体認証の代わりに使うのは、対象者の数が少ない（現在の技術では数千人オーダー）うちはそこそこうまくいくものの、対象者の数が増えると他人受入率が無視できなくなってしまいます。ですから、「実証実験で成功」というようなことを言われてもうのみにすることはできません。対象者を広げると成立しなくなるからです。

認証器と生体認証の組み合わせは、口座売買などに対する対応策としても期待できます。生体認証と組み合わせてあれば、口座と認証器をセットで売却するのは難しくなるからです。マネロン規制の強化が行われてきている現状、近い将来、銀行送金などではこうしたものが必要になってくる日が近いのではないでしょうか。

6-5 認証高度化の課題

認証の高度化には大きく４つの課題があります。

課題１：プラットフォームの普及

１つ目は、プラットフォーム普及の問題です。FIDO2は、既存のプラットフォームで使おうとすると、ハードウエアが対応していない場合が多く見られます。この場合、外付け認証デバイスを利用することになりますが、典型的なケースで１利用者当たり数千円の負担が必要で、決して軽くはありません。また、鍵が認証デバイスごとに作られ、それを外に持ち出すことができないので、アカウントリカバリーをどうするかという運用もよく考える必要があります。

筆者は1037個のパスワードを使い分けています（この文章を書いている2021年5月1日段階）。これをすべて、鍵を本体内に保存する外付け認証器に置き換えるとすると、認証器は1デバイスで30個の鍵までしか対応できないので、認証器を35個持ち歩くことになります。いわゆる「トークン・ネックレス」と呼ばれる状態です。一般の人でもパスワードの数は100個を超えるようですから、認証器を4個くらい持ち歩く必要があります。

この問題は、Androidのようなプラットフォーム認証器を使って1個に集約すればある程度緩和されます。しかしそうしたとしても、ずっとその機種を使っているとは考えにくく、機種変更したり無くしたりした場合には、すべてのアカウントに対して再登録する必要があります。これは非現実的です(少なくとも筆者は挫折します)。

現実的には、共同サービスである認証サーバーに普段使いの認証器とバックアップ用の認証器を登録しておいて、個別のサービスに対するアクセスは、認証サーバーが発行する認証済みアイデンティティー、例えばOpenID ConnectのIDトークンを使ってアクセスする形にせざるを得ないでしょう。金融機関の例で言うならば、共同サービスとしての認証サーバーや、ユーザー認証の相互受け入れなどを考えなければいけないかもしれません。

課題2：口座売買対策

FIDOには、肉体と認証器の結びつきをどう保証するかという課題があります。これは、振り込め詐欺などで行われる口座売買のケースでクローズアップされてきます。

手口はこうです。まだブラックリストに載っていない共謀者が、その口座の正当な利用者として窓口などで認証器を登録します。その後、その認証器ごと犯罪組織に売り渡してしまうのです。FIDO認証器の多くは指紋認証などによって認証機をアクティベートさせることによって、本人が認証機を落としたときなどに、取得者がそれを使えないようにしています。

しかし、1つしか指紋を登録できないことはまれで、追加の指紋も登録できます。本人の協力があれば、売り渡すときに犯罪者の指紋を登録することは容易です。この問題をどう解くかということは、まだ模索が始まったばかりです。今後の動向が興味深いところです。

課題3：FIDO認証器の紛失

次に運用面の課題です。人は間違う動物です。したがって、FIDOの認証器を発行しても、それを無くしたり壊したりするのは時間の問題です。これはスマートフォンのようなプラットフォーム認証器でも同じです。そして、形あるものは必ず滅します。これらのハードウエアはいつ壊れるか分からないのです。こうしたことが起きた時の影響は大変大きいものがあります。その利用者が、FIDOの認証器を100個のサイトで登録していた場合、100カ所で本人確認をやり直さなければならないからです。

中には、本人確認をするのに十分な情報を持っていないサイトもあるかもしれません。その場合は、そのサイトのアカウントは永遠に失われてしまいます（そういうことが無いように、大抵のサイトはメールアドレスか電話番号を登録させるわけです）。

課題4：「今までこの方法で問題は起きていないからよい」と考える

最後は、人の考え方の問題です。人間は必ずしも理詰めで考える生き物ではないため、「今までこの方法で問題は起きていない」などという理由で、現状に合わせたソリューションの高度化を行わない傾向があります。

例として、EUの決済サービス指令（PSD2）の求める「埋め込みモード」を挙げましょう。これは、従来型のパスワード連携の形で、利用者がパスワードなどのクレデンシャルをサービスサイト側に入力し、それをサービスサイトが認証サーバーにリレーするものです。いわば合法的フィッシングですが、「ドイツではこれまで事故は起きていない」のでこれをサポートしなければいけないとされてしまいました。ドイツの銀行はすでにこのモードを長年にわたって提供しているので、新たに高度認証を導入しなくてよくなった格好です。

しかし、このセキュリティーモデルは、接続しにくるソフトウエアを厳しく制限することによって確保されていたのであって、銀行のAPIを公開するという新たな現実に合っているのかどうか疑問が残ります。

6-6 今後の展望

6-6-1 FAPI 2.0

サービスサイトと認証サーバー間のセキュリティー高度化としてFAPIを紹介しましたが、実はFAPIはまだ発展途上です。英国のオープンバンキングで採用されたのはFAPI 1.0で、FAPI 2.0の検討がすでに始まっています。FAPI 2.0では、FAPI 1.0の方式をさらに整理し、形式認証もやりやすい形に書き換えます。そのために、どのような脅威に対応しているのかを明示します。同時に、次に示すいくつかの新しい概念を導入します。順に説明します。

- Pushed Authorization Request（PAR）
- Rich Authorization Request（RAR）
- Grant Management API

Pushed Authorization Request（PAR）

アクセス制御の一連のやりとりで受け渡される「リクエストオブジェクト」の仕様です。もともとはFAPI 1.0 Advanced Profileの一つの章として書かれていましたが、それを独立した文書として成立させた形です。次に説明するRARとも密接に関係があります。

これまでの実装の多くは、認可サーバーでのリクエストオブジェクトの受け入れを嫌って、フロントエンドを回す傾向にありましたが、例えばKYCのようにより詳細な情報をやりとりしようとすると、リクエストオブジェクトがとても大きくなってしまって、フロントエンドを回すことが難しくなります。

そこで、リクエストオブジェクトを直接認可サーバーに押し込んでしまって、それに対するリファレンスだけをフロント渡しすることがとても重要になってくるのです。実際のメカニズムとしては、OpenID Connect 1.0 のリクエストオブジェクトを発展させた JWT Secured Authorization Request (JAR) を利用します。

Rich Authorization Request(RAR)

OAuth 2.0では認可を受ける対象を「scope」で定義しますが、これでできることは極めて限られています。たくさんある属性の中から、その時必要なものだけを取り出すことは難しいです。そこでOpenID Connectでは「claims」というパラメーターを用意し、その中に、その時必要な属性 (claims) だけをリストしてJSONとして引き渡すようにしています。この「claims」は、JARの中にも指定できます。しかし、claimsでは、属性を指定することができるだけです。

RARではこれを一歩進めて、例えば「口座の情報と残高を取得して、5万円の送金を○○株式会社宛てに開始する」というような金融取引自体をリクエストオブジェクトの中に記述することができるようにします。いずれも2021年1月段階で標準化が進んでいるところで、今後変わるかもしれませんが、すでに一部では使われ始めている (例:オーストラリアの消費者データ標準) ので、このようなことがやりたいという方はウオッチすると良いと思います。

Grant Management API

PARもRARもOpenID FoundationのFAPI WGでインキュベートし、そ

の後IETFに持ち込まれた仕様です。Grant Managementも同じようにして最終的にはIETFに持ち込まれるかもしれませんが、現状はFAPI WGで、オーストラリアの銀行の技術者を中心にして策定作業が進んでいます。

OAuth 2.0フレームワークの中心には「許可（Grant）」の観点があります。ある認可リクエストに対して、リソース・オーナーがその要求に「許可（Grant）」を出す形になっているからです。この「許可（Grant）」の内容は多くの認可サーバーで、WebページのGUIを使って制御できるようになっています。

Grant Management APIはこれをWebページの形ではなく、REST APIの形で実現するものです。2021年4月現在は初期ドラフトですが、「許可（Grant）の内容を取得する」「許可を取り消す」の２つのことができるように規格化されています。開発中の規格案は、FAPI WGのレポジトリから参照※することができます。

※https://bitbucket.org/openid/fapi/src/master/Financial_API_Grant_Management.md

コラム オフライン認証とQRコード認証

Column

ここまではすべて「オンラインサービス」を前提に説明しましたが、オフライン系のサービスにも高度認証が期待されています。代表的な例は「CIBA(Client Initiated Backchannel Authentication)」です。

これは、コールセンターに利用者が電話をかけた場合やPOSターミナル（お店のレジなど）での決済のときのように、サービス利用機器に対する利用者入力が限られているような場合を想定したものです。コールセンターの場合は、サービス利用機器はコールセンターのエージェントが使っているのであり、電話をかけている本人は触ることができません。POSレジの場合も、操作しているのは店員の側です。

CIBAでは、オペレーターの操作によって、認証許可依頼がプッシュ通知で利用者のスマートフォンに送られてきます。ここで「OK」をすると、例えばFIDO認証デバイスを使った署名付きデータが認証サーバーに送られ、これを基に作られた認証トークンがサービスサイトに送られます。このようにすることによって、現状「生年月日」を聞いたり、年齢確認ボタンを押したりしてある意味「ごまかしている」認証状態から脱却し、高度認証を導入できるようになると考えられます。

第７章　プライバシー保護とアイデンティティー管理

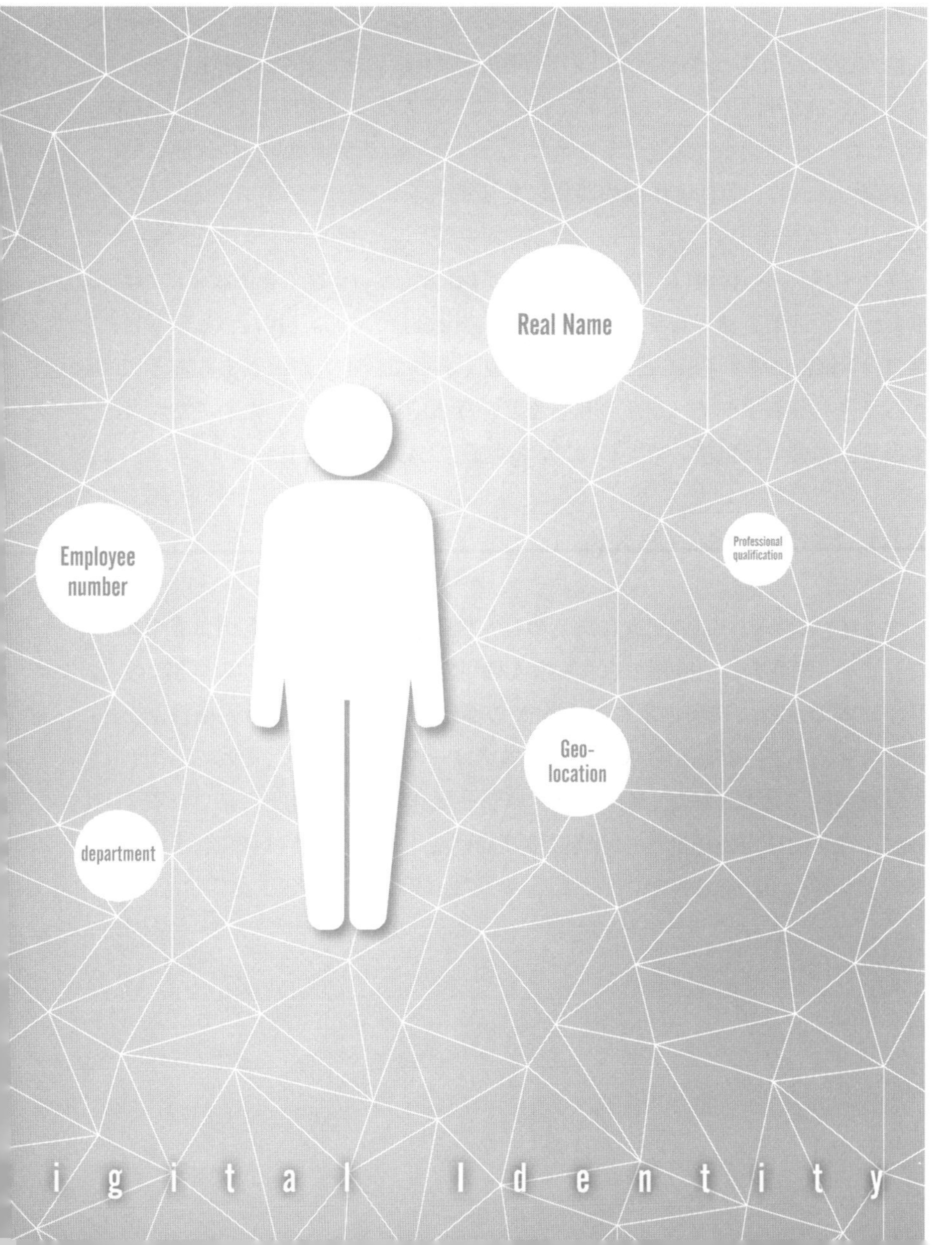

7-1 プライバシー尊重の意味

「プライバシーの保護」と「個人情報の保護」はよく混同されますが、これらは異なる概念です。

個人情報の保護とは、「情報」の不適切な取り扱いをいかに排除するかということであり、いわば手段です。では、なぜそんなことをするかというと、それはプライバシーを保護するためです。つまり、プライバシーの保護と個人情報の保護は、目的と手段の関係にあります。

プライバシーの保護は、筆者の周りでは「保護」という言葉を使わずに「尊重」という言葉を使います。英語では「Respect」ですね。「保護」という言葉には「秘密にする」というイメージが強くあって、本人が公表することによって得られるプライバシーの利益などをうまく捉えきれないためです。ですので、本書では以後「プライバシーの尊重」という言葉を使います。

7-1-1 プライバシーと人権

プライバシーの尊重の根底にあるのは人権規定です。これは各国で若干異なります（**図表7-1**）。欧州では「欧州人権規定第８条（1950）」に基づきますし、日本では憲法13条の幸福追求権から導かれます。米国では人権規定というより、不法行為法から求めてくるアプローチが主ですが、それでもオバマ政権の時に発表された『米国プライバシー権利章典（2012）』に見られるように、憲法的に人権規定として位置付けていこうという動きは見られます。

欧州人権条約第8条（1950）

1　すべての者は、その私生活、家族生活、住居および通信の尊重を受ける権利を有する。

2　この権利の行使に対しては、法律に基づき、かつ国の安全、公共の安全もしくは国の経済的福利のため、混乱もしくは犯罪の防止のため、健康もしくは道徳の保護のため、または他者の権利および自由の保護のため民主的社会において必要な場合以外、公的機関による干渉があってはならない

（出所）欧州人権裁判所『ヨーロッパにおける人権および 基本的自由の保護のための条約』

日本国憲法13条「幸福追求権」に基づくプライバシー権（1964）

・すべて国民は、個人として尊重される。生命、自由及び幸福追求に対する国民の権利については、公共の福祉に反しない限り、立法その他の国政の上で、最大の尊重を必要とする。

（出所）日本国憲法

※宴の後事件（1964）：東京地裁が憲法13条に基づくプライバシーの権利を認め、それが侵されたときは民法709条による損害賠償請求ができるとした。

米国プライバシー権利章典（2012）

・個人ごとのコントロール：消費者は、どのような個人情報を組織が収集し、どのように使うかということに対して、コントロールする権利を持っている。

（出所）ホワイトハウス『ネットワーク社会における消費者データプライバシー』(2012)

図表 7-1　各国の人権規定としてのプライバシー

出所：筆者

7-1-2　幸福の源泉と関係の質

日本では、日本国憲法13条「幸福追求権」に基づくプライバシー権ですから、プライバシーを尊重するためには、まず人々にとっての「幸福の源泉」とは何かを考えなければいけないということになります。

では、人々の幸福の源泉とは何でしょうか。名声を得ることでしょうか。お金がたくさんあることでしょうか、はたまた好きな食べ物をたくさん食べられることでしょうか。米国のハーバード大学は、こうしたことについて80年間以上の長きにわたって追跡調査を行っています。

ハーバード成人発達研究※は、史上最も長期にわたって成人を追跡した研究です。研究がスタートしたのは1938年で、268人の大学２年生が対象となりました。このうち19人が2017年にまだご存命でした。２番目のグループにはボストンの極貧環境で育った少年たちが選ばれました。彼らのほとんどは、水道設備も無いような安アパートに住んでいました。

※Harvard Study of Adult Development: https://www.adultdevelopmentstudy.org/

研究が始まるとすぐに10代の彼ら・彼女らはインタビューされ、健康診断を受けさせられ、ご両親もインタビューを受けられました。この少年たちは大人になり、様々な人生を歩みました。工場労働者もいれば、弁護士、レンガ職人も医師もいました。うち一人は、後に米国の大統領になりました。第35代大統領、ジョン・F・ケネディです。彼ら・彼女らを追跡調査するとともに、追加で彼ら・彼女らの1300人の子どもたちも研究対象に加えられました。また、1970年代には456人のボストンの市中心部の住人も加えられました。彼ら・彼女らは隔年でアンケート票を書き続け、インタビューを受け続けました。こうして得られた何万ページにも上る情報から分かったことがあります。

人を健康に幸福にするのは、富でも名声でも仕事のやりがいでも生涯を共にする相手の有無でもなく、良い人間関係に尽きる、それも身近な人たちとの関係の質に尽きる。

これから言えることは、プライバシーを尊重するのに重要な観点は、「人々が関係の質を維持・向上するために何をするか、どうしたらそれを助けることができるか」にあるということです。

7-1-3 アイデンティティーと幸福追求〜プライバシー侵害のモデル化

このことを考える上で重要になるのが、第2章で説明した「エンティティー・アイデンティティー・モデル」です。私にせよ、あなたにせよ、はたまた私が今この記事を書いているMacBook Airにせよ、これらは実体として実在すると認めることにしましょう。本当は、これらが実在するかどうかなど実は結構アヤフヤだったりするわけですが、そういう哲学的問題には入らないことにして、ここでは私たちが普段接しているものは存在すると仮定します。その、「存在するもの」のことを「実体（エンティティー）」と呼ぶことにします。

つまり、私も実体として存在しますし、この本を書くのに使っているMacBook Airも実体として存在するということです。

しかし、この実体自体をそのまま見ることは残念ながらできません。それは、常に観測者の意識を通じてしか見ることはできないのです。だから、あなた自身についても、あなた自身が自分を見る「自観」したあなたと、他者が自分を見る「他観」のあなたがあることになります。こうした関係を少し詳しく図にしたのが**図表7-2**です。

図表7-2の一番左端にいる「実体」はあなたです。あなたは、社会の中でいろんな人々と関係を結んで生きています。図では、友人を右上に、職場の上司を右下に書いてみました。もちろん、関係を持って生きているのは彼ら／彼女らだけではありません。ものすごくたくさんの相手があります。ただ単に図に描けなかっただけのことです。

あなたはそれぞれの人たちに対して、「自分のことをこう思ってほしい」あるいは「こう見られたい」という「自己イメージ／自己像」を持っています。この自己像が、アイデンティティーです。

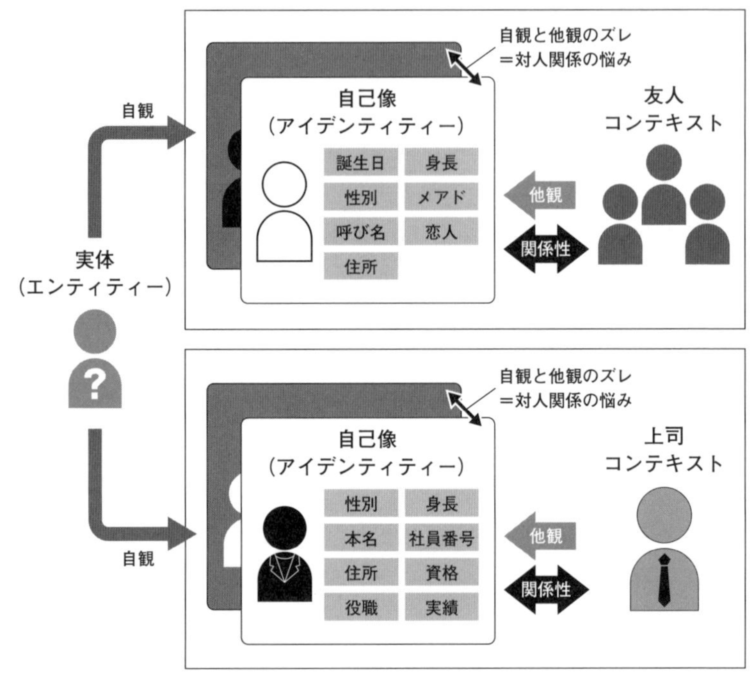

図表 7-2　実体―自己像―関係性
出所：筆者

もっとも、この自己像というのは抽象的なもので、あなたの友人が直接見たり感じたりすることができるものではありません。実際には、あなたの容姿や服装、香水、言動、住んでいるところ、恋人、使っている携帯電話などの様々な「属性」を見て、聞いて、感じて、間接的に会得しているものです。

そういう意味では、あなたの「自己像」は、あなたが彼ら／彼女らに対して提供している「属性群」によって形作られることになります。国際標準化機構のISO/IEC 24760の定義によるアイデンティティーが「属性の集合」となっているのは、こうした理由があります。デジタルアイデンティティーとは、コンピューターで取り扱うことができるようにされた属性の集合なのです。

なお、社員番号や住民登録番号などの「番号」（専門的には識別子と言います）も、あくまで属性の一つでしかありません。

他観と自観：対人関係の悩み

さてこの自己像ですが、先ほど述べたように、直接生成できるものではありません。様々な「属性」を提供／共有することによって作られるものです。例えば、快活でフレンドリーな自己像を演出するためには、動きやすい服装をして、声はハキハキと、ボディータッチは多めに、冗談もしばしば、呼び名はニックネームで呼び捨てにしてもらって、などの「属性」を相手に見せることでしょう。

この属性群から得る印象は人それぞれですから、どうしても自分が狙った自己像（自観）と、他人から見た自己像（他観）にはズレが生じてきます。例えば、あなたは「快活でフレンドリーな」自分を演出するために行動していたことが、恋人からは「軽薄」と解釈されるとショックですよね。

この自己像に関する「自観」と「他観」のズレが対人関係の悩みの大きな部分を占めているのです。そして、このズレの制御の権利は、プライバシーの権利と密接に関わってきます。

プライバシーの権利

ここからプライバシーの権利について説明します。確定的な解釈はまだ存在していないようですので、ここで取り上げるのは、日本の法学者が「自己イメージのコントロール権（棟居説）」と呼び、デジタルアイデンティティーを研究している人々の間で主流の考え方です。

図表7-2で示したように、一人の個人は複数の「自己像」を使い分けています。これが、今現在、とてもうまくいっている状態だと思ってください。あなたは、友人には「友人から見られたい」ように見られ、上司には「上司から見られたい」ように見られている、つまり、自観と他観がかなり一致してい

る状態です。対人関係はうまくいっていて、あなたの尊厳は守られており、またあなたはそこからかなりの幸福を得ています。あなたには、その尊厳と幸福を維持する権利があります。これは基本的人権の一つで、日本国憲法では13条前段（個人の尊厳）と後段（幸福追求権）として規定されています。

棟居説では、これを「プライヴァシー（プライバシーと同意だが、原文を尊重してこう記す）」と定義しています。

「人間が自由に形成しうることの社会関係の多様性に応じて、多様な自己イメージを使い分ける自由をプライヴァシーと呼ぶ」（自由な社会関係を前提として、自己イメージのコントロール権）

（出所）棟居快行『人権論の新構成』信山社（1992）192頁

しかし、ここで悪い人がやって来て、友人には提供していなかった（上司には提供していた）情報を、友人に提供してしまったらどうなるでしょうか。運が良ければ自己像は変わりませんが、多くの場合、自己像は変化してしまうでしょう※。その結果、友人との関係は悪化してしまいます。これが、「プライバシーの侵害」です。

※個人の目的は自己像の自観と他観の差を最小化することですから、余計な情報が入ってくれば必然的に現状よりは悪くなります

図表7-2で説明すれば、ある自己像から属性を取り出して、他の自己像に混ぜてしまうこと、これがプライバシーの侵害になるのです。情報漏洩事故がプライバシーの侵害になるのは、漏洩した属性情報が、本人の提供しているすべてのアイデンティティーに付加されてしまい、自己像の自観と他観の差が拡大するからです。

アクセス制御

自己像を形作るために、特定の人に属性を提供するのは有用なことが分かりました。同時に、ある人にだけ提供されていた属性を他の人に提供すると

プライバシーの侵害を引き起こすことも分かりました。

デジタルアイデンティティーは、ある人に対して提供されている属性の集合です。プライバシーの侵害を起こさないためには、対象としている人やモノだけに属性が提供されるようにしなければなりません。したがって、デジタルアイデンティティーに対するアクセスに対しては、アクセス者を識別した上で、アクセス制御がなされなければなりません。

この「アクセス者の識別」を「ある一定の確度で※」行うことを「エンティティー認証」と言います。そして「エンティティー認証によって識別された人やサービスが、属性の集合（＝デジタルアイデンティティー）にアクセスするのを許可すること」を「認可」と呼びます。もちろん、誰が「認可」するかというと、アクセス認可を認める権利がある人（通常は本人。場合によっては、約款や法によって規定されることもある）が認可することになります。

※詳しくは第２章をご参照ください

ということは、その人についてもやはり認証を行わなければならないことになります。つまり、以下の４つが必要です。特に（1）への考慮が抜け落ちてしまいがちなので注意が必要です。

(1) デジタルアイデンティティーにアクセスするエンティティー（人やモノ）を認証
(2) デジタルアイデンティティーへのアクセス許可を出すエンティティーを認証
(3) アクセス許可を出す人が、(1) のエンティティーのアクセスを認可
(4) デジタルアイデンティティーの取得

エンティティー認証とアクセス認可に関しては、それぞれ第2章、第４章で詳しく述べていますので、そちらをご参照ください。

Column

コラム　パーソナルデータは新しい時代の石油か？

パーソナルデータの利用は、大きな価値を生むと考えられています。実際、2000年代半ばから急速に台頭してきたFacebookもGoogleも、パーソナルデータの利用によって膨大な利益を上げています。

そのことを象徴的に表したのが、「パーソナルデータは新しい時代の石油」という言葉です。この表現が日本で取り沙汰されるようになったのは、ダボス会議の主催者である世界経済フォーラム（World Economic Forum；WEF）が2011年1月に発表した報告書『パーソナルデータ：あらたな資産カテゴリーの出現（原題：Personal Data: The Emergence of a New Asset Class）』が始まりだと思います。

この報告書は、いろいろな誤解を生んでいます。筆者は本報告書の作成に関わった有識者としてあげられている一人であり、誤解を生んでいることに責任を感じています。この報告書の冒頭では、次のように記載しています。

「パーソナルデータはインターネットの新たなOILであり、デジタル世界の新たな通貨である」（原文：Personal data is the new oil of the Internet and the new currency of the digital world.）

これは、当時のEUのConsumer Commissioner（消費者コミッショナー）であったMeglena Kuneva氏の2009年3月の発言に影響を受けたものです。上記に続いて報告書ではこう書いています。

「それは、社会のあらゆる側面に影響を及ぼす新たな資産クラスとして出現するだろう」（原文：It will emerge as a new asset class touching all aspects of society.）

Column

ダボス会議でこのような言葉が使われたことで、多くの人々がこの報告書に引き付けられたのは良かったのですが、報告書の意図を誤解した人も少なくありませんでした。特に日本では大きな誤解が生じました。というのは、冒頭の発言が、「21世紀の石油」と翻訳・翻案されてしまったからです。ここは「21世紀の原油」と翻訳すべきであったと思っています。

なんとなれば、原油というのは、精製しなければ始末に負えない毒物・環境汚染物質で、扱いを間違えば爆発炎上、漏らせば生態系を破壊するからです。ただし、きちんと精製して注意深く使えば大変な価値を生みます。「原油」であればこうしたニュアンスが伝わるのに、「石油」だと伝わらなくなってしまいます。

この報告書が書かれた2010年はメキシコ湾原油流出事故※が起きた年で、この事故に絡めてパーソナルデータを説明したのです。これを世界経済フォーラムのインタビューで話したら、上記のKuneva氏の発言を編集者が引っ張ってきて配置したようです（実は私はこの時Kuneva氏の発言を知りませんでした）。

※ 2010年4月20日、メキシコ湾沖合80km、水深1522mの海上で海底油田掘削作業中だったBP社の石油掘削施設「ディープウォーター・ホライズン」において、掘削中の海底油田から逆流してきた天然ガスが引火爆発し、海底へ伸びる5500mの掘削パイプが折れて大量の原油がメキシコ湾へ流出した事故。BPの補償額は行政に対するものだけで460億ドル（約4.9兆円）に及んだ

また、「資産」という表現も問題です。物権をイメージさせるからです。実はこの報告書には、パーソナルデータを「資産（asset）」という単語に結びつけている箇所は2カ所しかありません。そのうち1カ所は質問の中であり、回答では「価値（value）」という単語しか使っていません。私たちはこの報告書が作られる過程で、（報告書の読者が）物権的ニュアンスをデータに対して持つことを大変警戒し、草案段階から指

Column

摘していたのです。もう１カ所は、本来「価値（value）」と書くべき箇所で、指摘漏れによる間違いです。

こうした残念な点はあるのですが、報告書全体を通して読んでもらえば、かなり良い、味わい深いものになっています。例えば、パーソナルデータの種類として報告書のP.7に以下のように書いています。

- 自発的に提供されたデータ
- 観測されたデータ
- 推計されたデータ

また、「User Centric」「Personal Data Ecosystem」「Trust Frame work」について、ページ数を割いて説明しています。ちなみに、この報告書を紹介した筆者のブログ記事を見返すと、次のような表現がありました。

> **電線に、電子を通すと電力産業になり、電子の波を通すと電話に、パケットを通すとインターネットになった。次は、「個人が産み出す情報（Personal Data）」を構造化したものを流すようになり新たな産業が生まれる。これが「Personal Data Ecosystem」で、その根幹をなすのが信頼フレームワークである。**
> **（出所）https://sakimura.org/2011/02/1036/**

なお、この当時（2010－2011）のインタビュー記事を読むと、「GoogleやFacebookがパーソナルデータを使って広告で収益を上げている。その何割かはパーソナルデータを制御して、個人の手に力を戻すようになる」と語られているのですが、残念ながら全く実現していません。実に遺憾です。

7-2 プライバシーフレームワーク～JIS X 9250（ISO/IEC 29100）

7-2-1 まだ個人情報該当性で疲弊してるの？～管理の対象とすべきデータ

2020年5月、個人情報保護法の改正がなされました。個人情報保護に関して産業界から出てくる意見は、「個人情報の範囲を狭くしてほしい」です。そうすることによって、管理対象となるデータを減らし、コストを下げようというわけです。しかし、運用のことを考えると、管理対象となる個人情報の範囲を狭く取るのは実は得策ではないのです。

なぜでしょうか。日本の個人情報保護法では、次に示す生存する個人に関する情報を対象にしています※。

※ ここで「特定の個人」の「特定」とは何かという議論がなされることが多いですが、実際には英語の「the」でしかなく、識別された個人が後の段階で他の個人に入れ替わらないという程度の意味でしかないことが、高木浩光氏の研究で明らかになっています

(1) 当該情報に含まれる氏名、生年月日その他の記述などにより特定の個人を識別できるもの（他の情報と容易に照合することができ、それにより特定の個人を識別できるものを含む）
(2) 個人識別符号が含まれるもの

(1) をいわゆる「容易照合性」と言っていて、日本の民間部門を対象とする個人情報保護法の一つの特色となっています。特色と言ったのは、他の多くの国の法律では「容易に」が無いのです。無いどころか、GDPR（欧州一般データ保護規則）などでは「直接的又は間接的に識別されうる」と明記しており、可能性があるだけで「保護対象情報とする」としています。実はこれには理由があります。

あるケースで説明します。A社とB社が登場します。A社はある時点Tで、氏名とその人がその日視聴した同社のサービスが提供するオンラインビデオのタイトルを集めたデータを持っていたとします。**図表7-3**のような感じです。

図表 7-3　実名視聴履歴
出所：筆者

氏名	性別	年齢	タイトル
化野栄子	女	61	ナイロビの蜂
春米正和	男	33	緊縛
涼宮実	男	54	帰ってきたヒトラー、モダン・タイムス
野田恵	女	42	のだめカンタービレ

これが個人情報であることは疑いないでしょう。というか、表形式になっているからすでに個人データですね。完全に保護対象情報です。しかし、この氏名を他の文字列で置き換えたらどうでしょうか（**図表7-4**）。

図表 7-4　匿名視聴履歴
出所：筆者

視聴者 ID	性別	年齢	タイトル
0001	女	61	ナイロビの蜂
0002	男	33	緊縛
0003	男	54	帰ってきたヒトラー、モダン・タイムス
0004	女	42	のだめカンタービレ

これは、「匿名化されているから個人情報ではない」と思われる方は多いのではないでしょうか。しかしそうとは限りません。例えば**図表7-5**のような変換表があると、日本でも容易照合性があるとされ、**図表7-4**も個人データとして扱わなければなりません。そのため、**図表7-4**のデータだけを他の企業に渡すときも、個人データの第三者提供となってしまうのです。

図表 7-5　仮名変換テーブル
出所：筆者

視聴者 ID	氏名
0001	化野栄子
0002	春米正和
0003	涼宮実
0004	野田恵

もし、**図表7-5**の変換テーブルを削除していたらどうなるでしょうか。日本では「個人情報ではないデータ」として扱うことも可能だと思われます。こうした状況で、**図表7-4**のデータをB社に渡したとします。受け取ったB社は、個人情報ではないので管理対象外として扱われるでしょう。

さて、ある時点Tから数カ月たった後、A社がPCを廃棄したとします。廃棄業者はハードディスクを破壊するはずでしたが、実際にはハードディスクは破壊されずに転売され、そこから削除されていた**図表7-5**のデータが復元して取り出され、ネット上に公表されてしまいました。するとどうでしょう。B社が受け取ったデータは、突然個人データになってしまいます。しかも管理対象外にしていたので、すでにそのデータはあちこちにコピーされ、どこにあるかも分かりません。もはやお手上げです。

このように、「容易照合性」で管理対象を限ると、運用上困ったことが起きてしまう可能性があるのです。このような困ったことが起きないように、欧州でも米国でも、ISO/IEC 29100（JIS X 9250）という規格でも「照合される可能性があるデータ」と、「可能性」がちょっとでもあれば管理対象とするように求めているのです。その結果、管理対象情報は**図表7-6**に示すように、個人情報保護法でいう保有個人データよりもはるかに広いものになります。

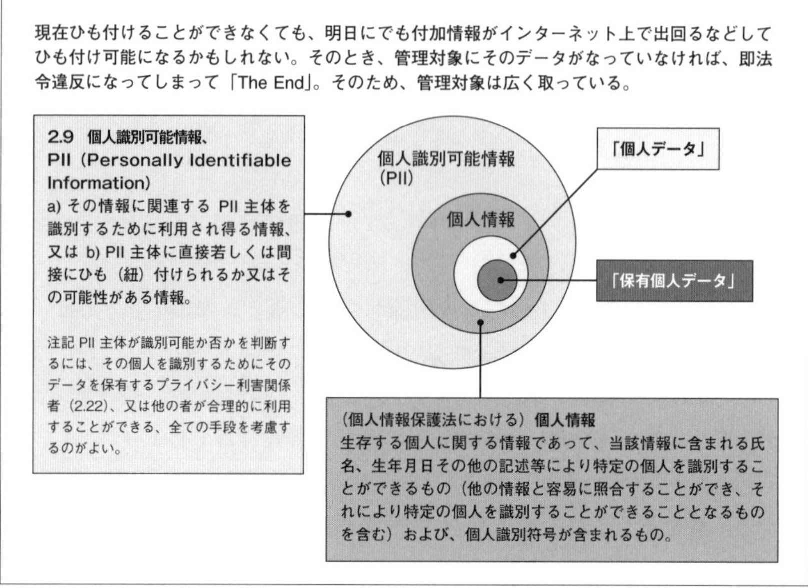

現在ひも付けることができなくても、明日にでも付加情報がインターネット上で出回るなどしてひも付け可能になるかもしれない。そのとき、管理対象にそのデータがなっていなければ、即法令違反になってしまって「The End」。そのため、管理対象は広く取っている。
2.9 個人識別可能情報、PII（Personally Identifiable Information）
a) その情報に関連する PII 主体を識別するために利用され得る情報、又は b) PII 主体に直接若しくは間接にひも（紐）付けられるか又はその可能性がある情報。
注記 PII 主体が識別可能か否かを判断するには、その個人を識別するためにそのデータを保有するプライバシー利害関係者（2.22)、又は他の者が合理的に利用することができる、全ての手段を考慮するのがよい。
個人識別可能情報（PII）
個人情報
「個人データ」
「保有個人データ」
（個人情報保護法における）個人情報
生存する個人に関する情報であって、当該情報に含まれる氏名、生年月日その他の記述等により特定の個人を識別することができるもの（他の情報と容易に照合することができ、それにより特定の個人を識別することができることとなるものを含む）および、個人識別符号が含まれるもの。

図表 7-6　管理対象情報
出所：筆者

プライバシーフレームワークとはこうしたことも勘案しながら、どのようにデータを管理すれば個人のプライバシーを守ることができるかを考えるための枠組みを提供します。ISOでは、ISO/IEC 29100という規格文書として発行されています。そのJIS版がJIS X 9250です。

以下では、この文書でどのような考え方が提示されているかを紹介していきます。

7-2-2　プライバシー・リスクマネジメントと考えるべき４つの要因

通常のリスクマネジメントとプライバシー・リスクマネジメントには大きな違いが一つあります。それは「誰のリスクを管理するか」という点です。

通常のリスクマネジメントでは、当該組織のリスクを管理することになります。これを演繹して、「プライバシー・リスクマネジメントは、個人情報に関する組織のリスクを管理すること」と思われる方がいますが、実際は違います。組織のリスクを管理するのであれば、個人に被害があろうと組織が逃げ切れればよいということになります。プライバシー・リスクマネジメントの管理目標は、その情報が結びつけられる個人のリスクを管理することです。このことは、JIS X 9250が提示するプライバシー・リスクマネジメントの枠組みからも明らかです。JIS X 9250（ISO/IEC 29100）のプライバシー・リスクマネジメントでは、以下のことが求められます。

- 組織の状況の確定：組織を把握（例 PII の処理、責任）、技術的な環境を把握、プライバシー・リスクマネジメントに影響を及ぼす要因を把握
- リスクアセスメント：PII主体※へ悪影響を及ぼすリスクを特定・分析・評価
- リスク対応：PII主体へのリスクを回避または低減するために、プライバシー安全対策要件を定義し、プライバシー管理策を特定および実施
- コミュニケーションと協議：関係者から情報を取得、各リスクマネジメントプロセスについて合意を得て、リスクおよび管理策についてPII 主体へ周知・共有
- モニタリングとレビュー：リスクおよび管理策を追跡、プロセスを改善

※PII主体とはPIIが関係する主体のことで、具体的には個人のことを指します

ここで対象となっているのは徹頭徹尾PII主体への悪影響であり、組織に対する悪影響ではありません。組織への悪影響については別途「組織のリスクマネジメントの一環としてやってください」ということになります。

さて、この1つ目のポイント「組織の状況の確定」の中に「プライバシー・リスクマネジメントに影響を及ぼす要因」という言い回しが出てきます。これは具体的には何でしょうか。JIS X 9250では、次に示す4つの要因を挙げています。

法令および規制

- 国際、国内、および地域の法令
- 規制
- 司法判断
- 労使協議会または他の労働者団体との協定

契約

- 複数の登場者（actor）間の契約
- （actor）間の契約
- 企業方針および拘束的企業準則

ビジネス

- 想定される活用法、利用の背景・状況の具体的特性
- 業界ガイドライン、行動規範、ベストプラクティス、標準

その他

- PII主体のプライバシー選好
- 内部統制制度
- 技術標準

第一の要因は個人のプライバシーの尊重に関わる「法令および規制」です。プライバシー安全対策要件は、こうした法令などに表れることが多いとされます。法令としては個人情報保護法がその代表例ですが、それに限りません。産業ごとの法令なども関連してきますし、司法の場での判断も関連してきます。日本においては、関連する法令だけで少なくとも以下のようなものがあると考えられます。

- 個人情報保護法
- 刑法　不正指令電磁的記録に関する罪（第168条2、3）
- 電気通信事業法　通信の秘密（第4条）

- 電波法（第59条、109条）
- 不正競争防止法　営業秘密の保護
- 消費者契約法
- 労働契約法
- 労働基準法
- 民法　契約関係
- 民法　不法行為（第709条）

「個人情報保護法だけ守っていればよい」と聞くことがありますが、論外です。実は上記に列記した他のすべての法律に、個人情報保護法は劣後するように作られています。

考慮しなければならないのは国内法だけではありません。国際法や他の法域の法律も関係してくることがあります。GDPRなどはその代表例です。

企業は、こうした関連法令をリストアップし、法令または規制要因から生じるすべての要件を明らかにする必要があります。そのために、法律の専門家と綿密に打ち合わせるのが良いでしょう。また、法律の専門家だけでは不十分な点も考えられますので、様々な役割の関係者を集めて検討することも有用です。

第二の要因は「契約」です。契約上の義務もプライバシー安全対策要件に影響を及ぼすことがあります。例えば、本人の許可を受けてパーソナルデータを第三者に渡す時、提供者は受領者に対して、「データ処理時に、本人に対して処理した旨の通知を送るなど特定のプライバシー管理策を実施し、特定の廃棄要件に同意する」ことを要求する場合があります。これらは契約由来の要件として上がってきます。

第三の要因は「ビジネス」です。個別企業にとっての当該データの想定される活用法、利用の背景・状況の具体的特性や、その企業が属する業界のガイドライン・行動規範・ベストプラクティス・標準などが含まれます。

第四の要因はJIS X 9250では「その他」とあまり重要でなさそうなラベルが付いていますが、プライバシーの観点ではここが最も重要であると言っても過言ではありません。なぜならば、個人のプライバシー選好がここに入っているからです。プライバシーを尊重する組織の行動様式は、できるだけ個人がこうあってほしいと思う「プライバシー選好」に寄り添う形になります。また、その実装を確実にするための内部統制制度や、採用する技術標準なども「その他」に入っています。「その他」というよりはむしろ「中核的要因」であるといってもよいくらいです。

7-2-3　プライバシーの11原則とアイデンティティー管理

こうしたデータを取り扱うに当たって、従うべきプラクティスを、ISO/IEC 29100では「プライバシーの11原則」としてまとめています。以下、それぞれの原則について解説します。

プライバシーの原則１．同意と選択
プライバシーの原則２．目的の正当性と規定
プライバシーの原則３．（個人情報の）収集の制限
プライバシーの原則４．（取り扱う）データの最小化
プライバシーの原則５．利用、保持、開示の制限
プライバシーの原則６．正確性と品質
プライバシーの原則７．オープンさ、透明性、通知
プライバシーの原則８．個人の参加とアクセス
プライバシーの原則９．責任ある状態の確保
プライバシーの原則10．情報セキュリティー
プライバシーの原則11．プライバシーコンプライアンス
（出所）ISO/IEC 29100を基に著者作成※

※JIS X 9250における訳文とは異なります。より分かりやすいようにしました

プライバシーの原則１．同意と選択

これは、「意味のある同意を得る」という原則です。当然ですが、同意した（または、同意しなかった）場合に「どのようなことが起きるか」を伝えることが重要になります。その際、選択肢があることが重要なのは言うまでもありません。選択の余地がなければ有効な同意とは言いません（例えば、映画ゴッドファーザー内でのドン・コルレオーネによって提案される「拒否できない提案」は同意とは言えません）。

注意しなければならないのは、データの適法な処理の根拠は同意に限らないということです（GDPRでは６つの処理の根拠を挙げています）。同意はむしろ他の適法な処理の根拠が利用できない場合に使う最後の手段として考えておくことが必要です。

アイデンティティー管理の側面では、アイデンティティー連携のプロトコルにこの「同意と選択」が組み込まれることが多いです。OpenID Connectでは、規格内での要求事項としてこの実装を求めています。もっとも、ユーザーが選択したからといってそれが有効な同意かどうかをシステムが判別するのは大変難しいです。そのため、FAPIなど最近の規格では「同意（Consent）」という単語は避けて「許可（Grant）」という単語を使うようになってきています。

プライバシーの原則２．目的の正当性と規定

「利用目的が当該個人に害を与えるようなものであってはならず、社会的に正当と見なされるものでなければならず、かつ、その内容が詳しく規定されなければならない」という原則です。例えば、「マーケティングのため」などというのはざっくり過ぎて駄目です。また、新たな用途を追加するときには、都度、同意を得なければなりません。

これは純粋に技術的な課題ではありません。したがって、アイデンティティー連携などの技術単体が解決するものではありません。トラストフレー

ムワーク（第9章で説明します）の規定によって、各情報要求主体がこの条件を満たしているかどうかを監査・認定し、アイデンティティー連携技術では通信先がその認定を受けているかどうかを確認することが想定されます。

プライバシーの原則3．（個人情報の）収集の制限

ビジネス目的の遂行に必要最低限のデータしか収集してはならないという原則です。アイデンティティー連携技術の種類にもよりますが、例えばOpenID Connectでは、動的にどの属性を取得するかを細かく決めることができます※。これはまさに収集の制限要件を満たすためのものです（OpenID Connectは、選択的属性開示プロトコルとも呼ばれます）。

※claimsというリクエスト・パラメーターを使います

GoogleなどのOpenID Connectの実装では、「チェックボックスでの属性の選択を許さない」ようになっています。ユーザーにどの属性を提供するかをチェックボックスなどで選ばせるのはユーザー中心設計のあるべき姿のように語られることが多いですが、もしも要求を出してきているサイト側が収集の制限の原則に従っていれば、チェックボックスを一つでも外したら処理を続行できなくなるはずです。つまり、属性提供画面のチェックボックスでどの属性を提供するかをユーザーが選ぶことができるのは、当該提供先が収集の制限の原則から逸脱していることを表しているのです。

プライバシーの原則4．（取り扱う）データの最小化

データの最小化は「収集の制限」とよく混同されます。これは無理もありません。GDPRでは「収集の制限」と「データの最小化」を合わせてデータ最小化と呼んでいます。ISO/IEC 29100（JIS X 9250）ではこの2つを分けており、それに従うと、「データの最小化」は収集後のデータの取り扱いに関する原則であり、各過程で必要最低限のデータしか取り扱わず、また、それに触る人も必要最低限にするという内容です。例えば、コールセンター業務でクレジットカード番号は下4桁しか取り扱わないのはこれに当たります。

ただ残念なことに、多くのシステムではこの原則が守られていません。例えば、2019年に話題になったセブンペイの事例では、画面では表示しない項目までスマホアプリ側に持ってきて、画面上だけで表示制限していたので、攻撃者は画面に表示していないセキュリティー関連の項目まで取得することができていました。一般に、データ取得後にマスキングして表示するというのは、この原則に違反していると言えます。

データの最小化を実践するには、アイデンティティー管理とともに、正しくアクセス管理が行われている必要があります。手続きごとに許されるデータアクセスをポリシーとして記述しておいて、最低限のアクセス権限を持ったアクセストークンをクライアントに渡し、クライアントはそれを使ってデータを取得することが必要です。当然、そのクライアントも認証される必要があります。また、そのクライアントを使っている人の認証も必要になるのは言うまでもありません。

プライバシーの原則5．利用、保持、開示の制限

この原則を順守するには、以下の項目を満たす必要があります。

- パーソナルデータの利用・保持・開示（委託や第三者提供を含む）は、本人に対して具体的に明示された正当な目的を達するための必要最小限かつ適法な範囲にとどめる
- 定められた目的を達成するのに不必要になった場合には、確実に破棄ないしは匿名化する
- 目的は達したものの、法令によって保存が求められている場合には、当該情報をアーカイブとして保管し、通常のアクセスはできないようにする

なお、越境移転の場合には、それを規制する国内・海外の法律も調べて適法性を確保する必要があります。

プライバシーの原則6．正確性と品質

データが正確でないと、その人にとって不利なイメージが形成されてしまう恐れがあります。データの正確性を維持するための最良の方策は、データの権威的源泉からリアルタイムで取得することです。また、必要に応じて、そのデータにデータソースが署名することによって、改ざんを検知できるようにするなども重要になります。OpenID ConnectにおけるVerified ClaimsやDID／VCのフレームワークにおけるVerifiable Credential はこうした目的のために使われます。

正確性と品質がプライバシーにとってとても大切であるということは、2015年12月に起きた、広島県府中町の中学3年男子の自殺事件に見ることができます※。2013年10月に「この生徒が万引きをした」と誤って書かれた資料が作られ、校内の生徒指導会議で間違いを指摘されたにもかかわらず修正されることはなく、それを基に高校への推薦状を書かないという「進路指導」が行われたことによって、その生徒が自殺したという大変痛ましい事件です。日本ではこれをプライバシー侵害と捉えないことが多いようですが、本書のモデルで考えてみれば、プライバシー侵害によって起きた自殺であることは疑いようがありません。もしこの場合に、正確性と品質の原則が守られていたならば、この事件は起きなかったと想定されます。

※毎日新聞『広島・中3自殺　別生徒の万引誤記録　学校側、推薦拒否』(2016年3月8日)

プライバシーの原則7．オープンさ、透明性、通知

これは、パーソナルデータの処理に関する責任者は誰なのか、その連絡先はどこか、処理の目的、処理の方法、当該データに触れる可能性がある人々、処理をやめさせるなど、個人に与えられた権利を実施する方法などを、個人に対してきちんと「伝える」ということです。

機能として存在しているが、「どこに行ったら処理をやめてもらうことができるのかを分かりにくくしている」といったケースは、この原則に反しています。昨今話題のダークパターンなどもってのほかです。

こうしたことは、通常、「プライバシーポリシー（または、Privacy Notice、プライバシー通知・告知）」として提供されます。国際規格としては、筆者が編者を務めたISO/IEC 29184が代表的です。加えて、Webサイトのフッターなど、すぐに見つかるようなところにもリンクを置くのが良いのではないかと思います。

また、これは実装マターになりますが、多くの大手IdPでは、どこにどのようなデータ提供を行ったかを一覧で示し、提供を解除する手段も用意しています。加えて、ポリシー変更があった時の通知もIdPを通じて行うことができるように徐々になってゆくと思われます。こうした事例も大いに参考にすべきだと思います。

プライバシーの原則８．個人の参加とアクセス

これは、当該組織がどのようなデータを保持しているかなどを本人が見て確認でき、必要に応じて修正できることを求めています。もちろん、当該個人をきちんと認証できることが前提です。そうでないと、本人以外に情報を開示してしまう、つまり情報漏洩してしまうことになります。

当該組織に変更などがあった場合は、その旨を委託先や提供先第三者に修正・訂正または削除を依頼することになります。なお、委託先でない提供先第三者がそれに従うかどうかは、規格上は任意となっています。

アイデンティティー連携では、多くの場合、データ受領者側の保持期間はごく短期で、常に最新のデータを取得することを求めます。この場合、プライバシーの原則7と相まって、個人はIdP側ですでにある程度のコントロールを持っていると言えます。

データ受領者側が契約を破って不当に保持していないかどうかは、監査などによる検査が必要になります。トラストフレームワークが設置される場合は、このようなことも要件となることが多いです。

プライバシーの原則９．責任ある状態の確保

事業者側は、パーソナルデータの処理に関して常に責任のある状態を確保しなければなりません。日本語ではAccountabilityもResponsibilityもどちらも「責任」と訳されてしまい混乱が見られますが、ここでいう「責任(Accountability)」とは、次の３つを満たすことを言います。

(1) 何が起きているかを説明できること
(2) そのことを第三者が検証可能なように記録を取っておくこと
(3) 第三者検証の結果 (1) の説明が間違いであったならば責を負い、罰を受けること

英語で会計士のことを Accountantといいますが、会計士は財務諸表を整理作成することによって、その会社の経営で何が起きているかを説明できるようにし、第三者検証が可能であるように帳簿類の正しい記載の確保と整備を行い、もし間違っていた場合には責を負います。かつては無限責任でした。責任 (Accountability) とは、この会計士の責任を一般化したものと考えると覚えやすいと思います。

さて、パーソナルデータの処理に関する責任 (Accountability) ですが、組織は当該パーソナルデータの取り扱いについてきちんと説明できるようにしておく必要があります。これは取りも直さず、取り扱いに関わる方針・手順・実施方法を文書化し、組織の人員で共有するとともに各手続きを特定の実施責任者に割り当てる必要があります。これは、委託先であることもあります。こうした実施責任者やその下の要員は、適正な取り扱いを行えるように、きちんと研修を受けなければなりません。

こうした手続きの中には、事故などが起きた時の救済手続きも含まれます。そうすれば個人はより安心してその企業に自分についてのデータを提供することができるようになるでしょう。

また、第三者にパーソナルデータを提供する場合には、受領者が同水準のプライバシー保護を適用することを確実にする必要があります。当然、その第三者もきちんと取り扱いについて説明できる状態になければなりません。

このような状況が確保されていなければ、何が起きているかを説明することは不可能でしょう。

次に、そのことを第三者が検証可能であるように記録を取るということですが、これは、パーソナルデータへのアクセスやその他の取り扱いを行った時に、誰が何のために何にアクセスしたかなどのログを残しておく必要があることを示唆しています。

説明の内容が間違っていた場合の責任の取り方には様々な方法があるでしょう。一部は法令に基づくものもありますが、内規としての整備もして文書化しておくことが望まれます。

プライバシーの原則10. 情報セキュリティー

情報セキュリティーの原則は、以下のような項目を通じて順守されます。

- パーソナルデータの完全性、機密性、可用性を確保し、そのライフサイクル全体にわたって権限外のアクセス・破棄・使用・変更・開示・損失といったリスクから守るために戦略・機能・運用の各レベルでの管理策を適用する
- 処理を委託する場合には、本件に関して十分な組織的・物理的・技術的管理策を提供できるものを選任する
- セキュリティーリスク評価はJIS X 31000などに定められているように体系的に行う
- アクセス最小化を確実にする
- 脆弱性に対処する
- 管理策を定期的に見直す

よく日本ではプライバシーを情報セキュリティーの中に入れて語ることがありますが、ここからも分かるように、むしろ逆です。プライバシーを守るということは、情報セキュリティー対策では足りないのです。

プライバシーの原則11. プライバシーコンプライアンス

日本ではコンプライアンスを「法令順守」と訳すことがありますが、コンプライアンスとは、ある規約に従うということであって、法令に限るものではありません。もちろん法令を順守するのは必要ですが、それに加えて、プライバシーを守るための内規としてのプライバシーポリシーの順守も求められます。そのためには、以下に示すことが求められます。要は、プライバシー安全対策要件を満たすようなマネジメントシステムをきちんと回すということに他なりません。

- 内部監査人や第三者機関の監査人による定期的な監査を通じて、処理がプライバシーポリシーを順守していることを検証・実証する
- 同様に、関連法令やガイドラインを洗い上げ、それらへの順守を確実にする
- 環境の変化に合わせてプライバシー要件を満たすための適切な管理策が取られているかを評価し続ける

なお、セキュリティーコンプライアンスとは異なり、プライバシーコンプライアンスの対象とするリスクは、組織にとってのリスクが主ではなく、PII主体のリスクが主になります。したがって、組織が勝手に「このリスクは許容する」とは決める権利が無いことを確認しておく必要があります。どのようにすべきかは、JIS X 9251などを参照するとよいでしょう。

7-3 識別子の性質と名寄せのリスク

7-3-1 識別子の分類

本題に入る前に、識別子を定義しておきましょう。

識別子：ある集団の中で、その個人（やモノ）を一意に他と区別（識別）し得ることができる属性の組み合わせ

「個人番号」のようなものだけでなく、「氏名・性別・生年月日・住所」（基本4情報）のようなものも識別子です。以下では識別子の分類として、「利用範囲」「利用期間」「再利用性」の３種類を使います。「利用範囲」はどれだけの人・企業・団体などがその識別子を使うか、「利用期間」はどれだけの期間その識別子が使われるか、「再利用性」はその識別子が他の人に対して再利用されることがあるかどうかです。

利用範囲による分類

- 無指向性識別子（omnidirectional identifier）：相手に関係なく用いられる識別子
- 単一指向性識別子（directional identifier、sectoral identifier）：相手との関係性の中のみで使われる識別子

利用期間による分類

- 継続的識別子（persistent identifier）：長期間変わらない識別子。通常、その実体が存在する限り不変
- 短期識別子（short term identifier）：短期間で変わる識別子。なお、その利用者の再訪を検出できないほどこの期間が極めて短く設定した場合は、揮発性識別子（ephemeral identifier）と呼びます。これがいわゆる「無名（anonymous）」な状態となります

再利用性による分類

- 再利用可能識別子（reassignable identifier）：他の実体に対して再利用される識別子
- 再利用不能識別子（non-reassignable identifier）：再利用されない識別子

どの識別子も、上記に示すすべての方法で分類されます。例えば、氏名などはどこででも使われますから、利用範囲の観点では「無指向性識別子」、利用期間は長期なので「長期識別子」、同姓同名はあり得ますから「再利用可能識別子」です。つまり、氏名は「無指向性・継続的・再利用可能識別子」ということになります。

こうした識別子の利用によって様々なリスクが生じますが、特に大きなリスクが次に説明する「名寄せリスク」です。

7-3-2　期間×範囲で捉える識別子の名寄せリスク

プライバシー侵害のリスクは、様々なことに起因します。一般に「情報漏洩」が思いつくと思いますが、プライバシー侵害では「情報漏洩」よりも「名寄せリスク」の方が重大です。なぜならば、「情報漏洩」でプライバシーにまつわる実際の被害が起こるのではなく、漏洩した情報を基に他の情報（例えば被害者の知人が持っている事前知識）と「名寄せ（リンク）」して、本人の望まない「本人像」が形成されることこそが被害を生むからです。たとえ情報が漏洩しても、それが誰の目にも触れることがなければ、ほとんどリスクは無いのです。

識別子による名寄せのリスクの一面は、**図表7-7**のように期間×範囲の面積で捉えることができます。

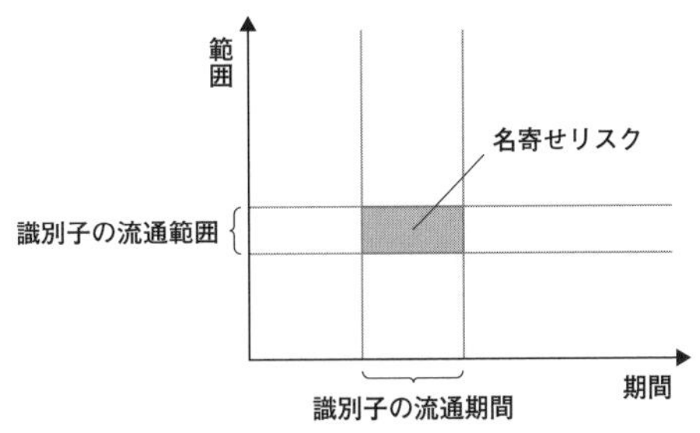

図表 7-7　識別子流通のリスク（流通期間は長いが流通範囲は狭いケース）
出所：筆者

横軸がその識別子が流通する期間、縦軸がその識別子が流通する範囲です。期間は、その識別子がどのくらいの期間にわたって利用されるか、範囲はどこまで利用が広がるかです。例えばWebのCookieは、そのサイトでしか利用されませんから、流通範囲は極めて狭いと言えます。いわゆるセクトラル方式の識別子も、そのセクターでしか使われませんから狭いと言えます。一方、米国の社会保障番号（Social Security Number；SSN）などは至るところで利用されますから、識別子の流通範囲は広くなります。

図表7-7は識別子の流通期間は長いが識別子の流通範囲は狭い例を示し、**図表7-8**は識別子の流通期間は短いが流通範囲は広い例を示しています。前者の例として年金番号があります。後者の例としては、税番号やパスポート番号などのように一定期間で変わるものです。

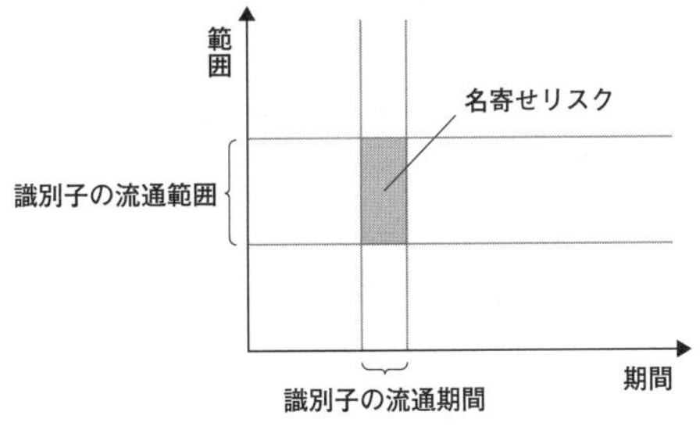

図表 7-8　識別子のリスク（流通期間は短いが流通範囲は広いケース）
出所：筆者

こうした識別子を「併用」した場合のリスクは、それぞれのリスクの和になります（**図表7-9**）。

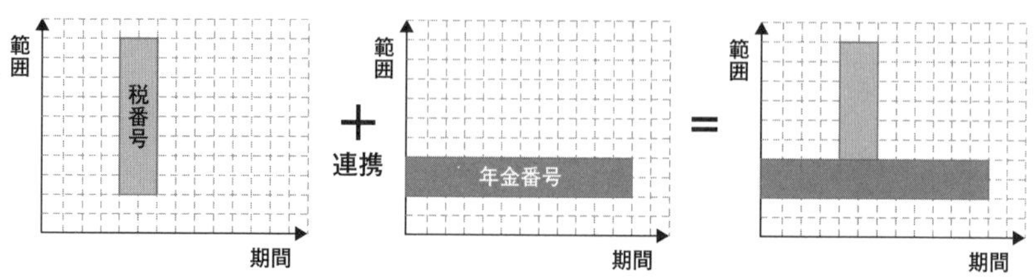

図表 7-9　識別子を組み合わせた場合のリスク（識別子を併用した場合）
出所：筆者

併用ではなく「統合」した場合、**図表7-10**のようになります。**図表7-9**と比べてリスクが増えていることが分かります。識別子の用途は変わらないので、リスクの増分はメリット無きリスク増加と言えます。これを「超過リスク」と呼ぶことにします。超過リスクは、必要のないリスクです。システムを設計するときにはこのような超過リスクが生じないように設計することが望まれます。

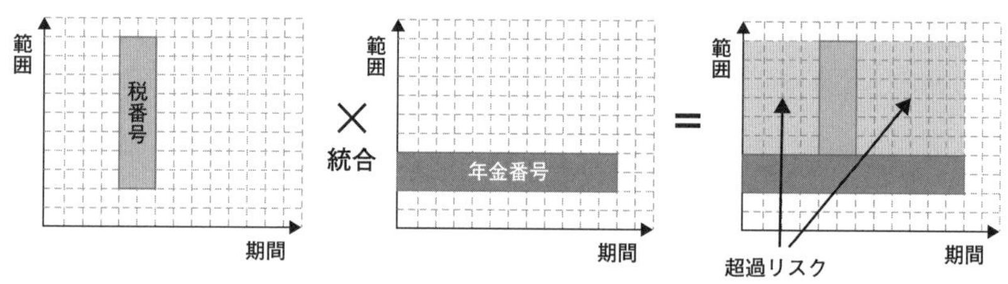

図表 7-10　識別子を組み合わせた場合のリスク（識別子を統合した場合）
出所：筆者

7-3-3　再利用可能識別子のリスク

前項では、利用範囲と利用期間による識別子の分類とそのリスクについて考えました。残るは再利用性に関するリスクです。

再利用可能識別子の代表例は、メールアドレスと電話番号です。どちらも、そのプロバイダーや電話会社との契約が終了すると、一定期間をおいて他のユーザーに割り当てられてしまいます。ベストプラクティス上では、このような識別子は、ユーザーを識別するのに内部的に使ってはいけないことになっています。理由はいくつかあります。

第一に、このような識別子を使っていると、識別子が再利用された時に、本来のユーザーではないユーザーに、本来のユーザーだけが見たり書いたりすることができる情報やAPIへのアクセスを与えてしまう。つまり情報漏洩や不正送金が行われるリスクがあるからです。

もう一つの理由は、旧ユーザーのプロファイルを新ユーザーに結びつけてしまうことによって、新旧どちらのユーザーも本来の自分とは違う性質を持ったものとしてシステムに認識されてしまう可能性があるからです。プライバシー侵害の一類型です。

「しかし、多くのシステムは、ユーザー名としてメールアドレスや電話番号を使っているじゃないか」とおっしゃるかもしれません。確かにそうですが、この場合、「ユーザー名」は、ユーザーを完全に識別するためのヒントでしかないのです。

このような、ユーザーに入力してもらう文字列のことを「ユーザー主張識別子」と呼びます。「ユーザー主張」とあるように、システム上でそのユーザーの識別に使うものではないのです。使い方としては、ユーザー主張識別子を使ってアイデンティティーレジスターに登録されている情報を検索して引き出し、ユーザーによって提供されたクレデンシャルを評価するのに使います。内部的に識別するには、別に採番した参照識別子（2-3-2参照）を用いなければならないのです。

第８章　個人情報の取り扱いにおける「告知」と「同意」

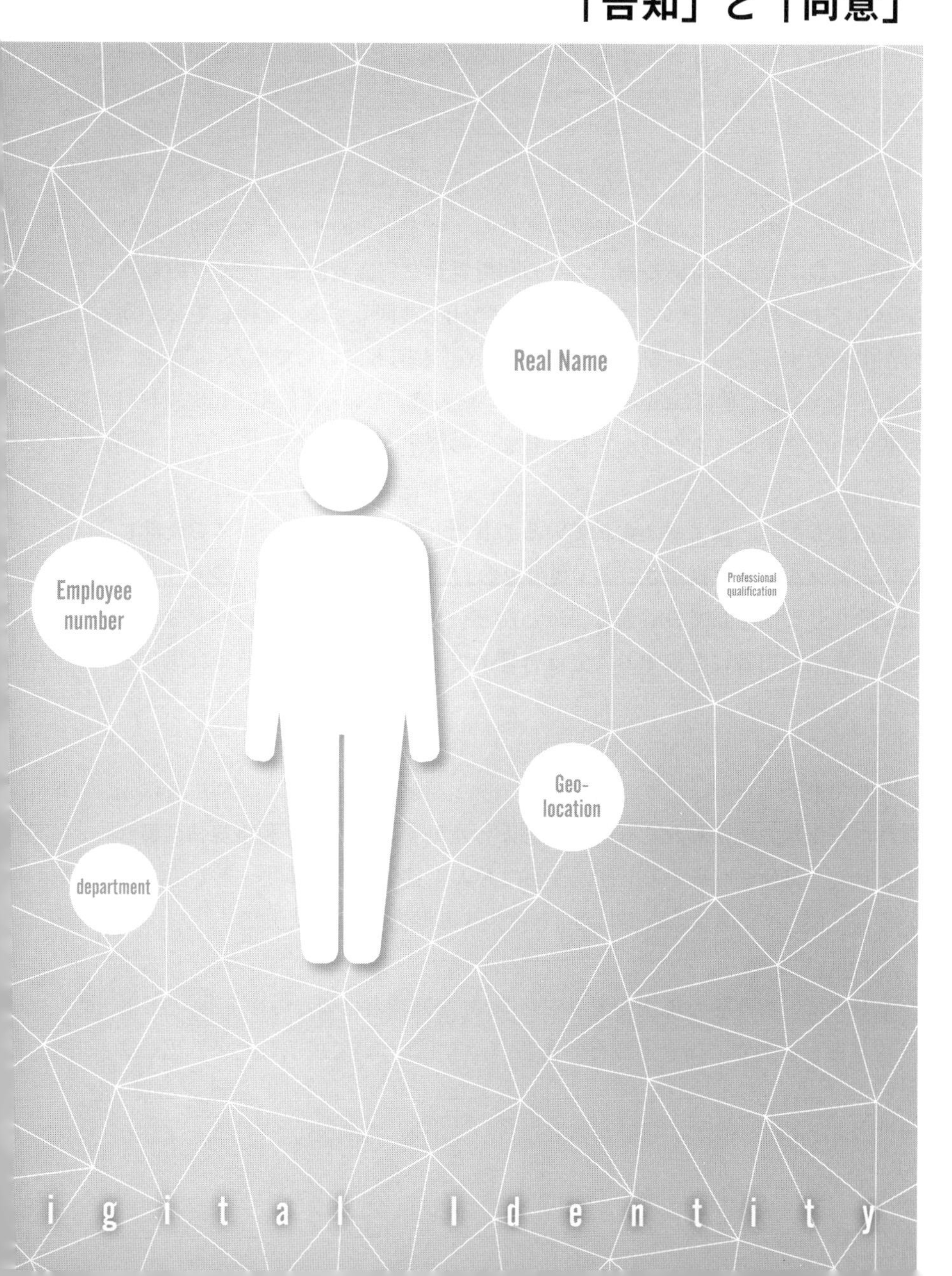

8-1 契約が有効であるための条件

8-1-1 利用規約を読みますか？

皆さんは、新たにネット上のサービスを使おうとする際、「利用規約」や「プライバシーポリシー」を読んでいますか？

統計によると、ごくわずかな人しか読んでいないそうです。かく言う筆者も、ほとんどの場合は最後まで読みません。今すぐそのサービスを利用したいのに、数十ページもある細かい字の利用規約を到底最後まで読んでいられないのです。結局、「えい、ままよ」とばかりに「同意する」を押してしまうのが実情です。読んでいないのだから「同意」も何も無いのですが、「きっとこのブランドは、私には悪いことはしないだろう」という「信頼（トラスト）」に基づいて、ボタンをクリックしてしまうのです。

このようなことはよく知られていることだと思います。サービスを設計している方々も、日々提示される「利用規約」や「プライバシーポリシー」を通読・吟味して同意している人は、ほとんどいないと思います。自分ができないことを、利用者に要求することは合理的でしょうか。筆者はそうは思いません。

さらに悪いことに、この「読まれない」ことを逆手にとって、利用者に知られたら気持ち悪がられたり都合が悪かったりすることを、利用規約に紛れ込ませて「同意を取得する」という手口もよく見受けられます。しかもこういう人に限って「同意を取得した」と主張する傾向があるようです。

本章では、こうした現状に鑑みて、「有効な同意とは何なのか？」「どうしたら望ましい形での同意が取得できるのか？」について説明したいと思います。

8-1-2 有効な同意とは？

有効な同意とは何かを考える際に、筆者がよく引用する本があります。NHKの白熱教室で話題になった、ハーバード大学のマイケル・サンデル教授による『これからの「正義」の話をしよう』※です。この本の第6章に、「契約が有効であるためには『自律性』と『互恵性』の両方を満たしていなければならない」ということが書かれています。言葉を換えれば、形式的同意があるからといって、有効な契約とは限らないということです。

※ マイケル・サンデル、『これからの「正義」の話をしよう』(ハヤカワ・ノンフィクション文庫) 2011/11/25

自律性：自由意志による同意か？

「自律性」というのは、自由意志による同意と言い換えてもよいでしょう。これは、「内容を理解した上の同意か？」「それしか選択肢がない状態での同意は自由意志に基づく同意と言えるのか？」と問いかけてきます。

内容を理解していなければ、そもそも何に同意しているのかも分かりません。錯誤による同意ということになるでしょう。もっとも、ここでの「内容の理解」は必ずしも文章の理解を指していません(このことは、後述します)。

「それしか選択肢がない状態での同意」の例として、サンデル教授はゴッドファーザーに登場するドン・コルレオーネの「断れない提案」を例に挙げています。断ったら命は無いわけですから、断るということはできないわけで、その状態での同意はもちろん自由意志によるとは言えないでしょう。

また、経済的逼迫によって、その選択をせざるを得なくなったような場合も、それが自由意志に基づくものであるかは疑わしいと言えましょう。例えば、レ・ミゼラブルのファンティーヌは、娘のコゼットが病気と聞かされ、その治療費を工面するために髪の毛を売り、歯を売り、最後は売春婦に身を落とします。これらの決定を彼女は自分で行ったわけですが、果たして本当に自由意志に基づくと言えるでしょうか。恐らく違うであろうということは、ユゴーがその章を締めくくるに当たって「一人の奴隷を生んだのである」と述べていることからも容易に想像がつきます。

これらは極端な例ですが、実はこれに類する「同意」は現実世界ではしばしば見ることができます。貧困状態で行われがちな様々な選択は、多くの場合、これに類することであると指摘できますし、現代日本の比較的裕福な層でも、実は結構あることです。

例えば、iPhoneの利用規約に対する同意を考えてみましょう。あなたはすでにiPhoneを買ったとします。12万円くらいです。これをアクティベートしようとすると、利用規約への同意を求められます。同意を拒否したらiPhoneは使えません。しかし、もう12万円払ってしまっていて、これを無駄にするわけにはいかない。この状態での「同意」は本当に自由意志によるものと言えるでしょうか。「断れない提案」ではないでしょうか。

互恵性：提供物は釣り合わなければならない

一方の「互恵性」は、「公正な取引」に対する要求と言ってもよいと思います。これは、契約の当事者双方の提供物が釣り合わなければならないという要求です。

サンデル教授はここで、シカゴの配管工の話を紹介しています。老婆の家でトイレが水漏れを起こし、その修理を請け負った配管工が5万ドルを請求し、老婆はまず2万5000ドルを頭金で払い、残りを割賦で支払うことに同意したという事例です。老婆は2万5000ドルの小切手を作りに銀行に行きましたが、いきなり2万5000ドルの小切手というのもおかしな話です。事情を聞いた銀行員がそれを制止し、警察に通報して配管工が詐欺で逮捕されて解決しました。

この事例では、老婆は世間の相場に疎かったかもしれませんが、完全に自由意志で同意しています。にもかかわらず、この契約は有効にならず、それどころか配管工は詐欺で逮捕されてしまいました※。背景にあるのは、「契約が有効であるためには、その取引は公正でなければいけない」ということです。言葉を換えると「互恵性」がなければいけない、つまり、提供するものやサービスと対価が釣り合わなければならないということです。

※ これは米国の事例ですが、日本でも状況は変わらず、民法90～96条、消費者契約法第1条あたりで取り扱われていることであろうかと思います

8-1-3 ちゃんと説明すると同意してくれない！？

ここまでの説明で、有効な同意であるためには、「自律性（自由意志による選択）」と「互恵性（取引の天秤が釣り合っていること）」が重要であることが分かりました。この2点は、法的な側面だけでなく、感情的な側面でも非常に重要です。そもそも、人はなぜパーソナルデータを提供したりしなかったり、あるいは提供した結果が不公正だと感じたりするのでしょうか。それは、この２点（自律性と互恵性）が満たされない形での提供が求められた、または、提供させられてしまったからではないでしょうか。

時々、「ユーザーにきちんと説明したら、パーソナルデータの提供に同意してもらえなくなる」という話を聞くことがあります。データの提供に同意してもらえなくなるというのは事実でしょう。実際、Facebookでは、より多くの属性を求めると、それだけ同意を得られる確率が低下することを公表しています。それはなぜなのでしょうか？

例えば、「ご注文いただいた商品をお届けするために住所を教えてください」と言われて断る人はほとんどいないはずです。商品を届けるのに住所が必要なのは当たり前だし、その情報を提供することによって、注文したものを受け取れるのですから、この場合のパーソナルデータの提供は得られる利益と釣り合っています。互恵性があるのです。

一般に、互恵性が無い場合、ユーザーの同意の取得は困難であると考えられます。「説明したら同意してもらえない」というのは、まさにこのケースであろうかと思われます。説明すると、個人が提供するものと受け取るものが全然釣り合っていないことがバレてしまうから同意が得られないのです。だからといって、長文の利用規約の中に分からないようにまぶして入れるというのは、詐欺行為だと言われても仕方のない行為でしょう。意図的に相手をだまそうとしているのですから。もちろん、このような形で得た同意は、理解した上の同意ではありませんから「自律性」も満たしていません。

8-1-4　データでの検証

こうしたことは、実験データを使った検証とも一致しています。経済産業省IT融合フォーラムパーソナルデータワーキンググループの第1回で、KDDI総研の高崎氏が以下の仮説H1、H2が棄却されなかったことを報告しています※。

※ 高崎晴夫『個人情報をベースとしたパーソナライゼーション・サービス利用の消費者選好に関する実証研究のご紹介』ＩＴ融合フォーラム・パーソナルデータＷＧ（2012年11月29日）

H1　一次サービスの利用意向が高いほど個人情報の開示意向は高い
H2　プライバシー懸念が低いほど、(1) 一次サービスの利用意向は高く、(2) 個人情報の開示意向は高く、(3) 二次サービスのサービス許容度は高い
(出所) KDDI総研・高崎晴夫氏

これは、互恵性が必要であることを示しているデータです。同じ研究から他の示唆も得られているのですが、それは後ほど紹介します。

8-1-5　常に明示的同意が必要か？

一方で、「同意は常に明示的であることが必要か」という議論もあります。常に明示的同意を求めるべきだという考え方もあるようですが、筆者はこれ

には反対の立場です。状況から明らかな場合に「明示的同意」を求めると、同意の行為自体が希薄化してしまって意味を持たなくなる可能性が高いからです。

コンピューター上でこのような同意を求め続けることを、専門家の間では「クリック・トレーニングするだけだ」というように批判することが多いです。クリック・トレーニングは直訳すれば「クリックの練習」ですが、実際にはもうちょっと深い意味があります。この「トレーニング」は、犬の「トレーニング」をかけています。犬のトレーニングは、基本的に条件反射を行うことです。いわゆる、「パブロフの犬」です。つまり、「クリック・トレーニングする」を翻訳するとしたら、「利用規約を見たら同意ボタンを押すように条件反射付けを行う」ということになります。このような状況では、もはや自由意志による同意とは言えませんから、自律性要件を満たしません※。

※ 自律的であるためには、理性的行為である必要があります。条件反射のような反射運動は、自由意志による選択の結果の行動ではありません

リアル（現実）の世界では、常に「明示的同意」を求めることはしていません。もし常に「明示的同意」を求めるとしたら、お店に入る際は顔が見えないようにするために紙袋をかぶり、利用規約とプライバシーポリシーにサインをしてから紙袋を取って顔を出すようなものです。人の顔は重要な個人情報・パーソナルデータの一つです。お店に足を踏み入れるということは、その瞬間から「顔」という重要なパーソナルデータをさらしてしまうことになります。

つまり、同意をするまではパーソナルデータを見せないようにして紙袋をかぶり、同意してから顔を出すということです。あまりにもばかばかしいことですよね。なぜばかばかしく感じるかというと、お店に入った時に店員さんがあなたの顔を見て、それを識別子として使ってあなたを認識し、取引を行うことを暗黙のうちに「当たり前だ」とあなたが思っているからです。

ここで、一つの単語を定義します。「期待」(expectation) という言葉です。Oxford English Dictionary[OED]の2dの定義を採用します。

<定義>
期待：どのようなことが起きるかについての事前の把握ないし意見
(出所) [OED] expectation 2d を基に筆者が翻訳

あなたがお店に入ったとき、あなたの顔がどのように使われるかということに関して、あなたは一定の「期待」を持っています。同様に、買ったものを家に届けてもらうのに住所を書くときも、その情報がどのように使われるか(この場合は、買ったものを届ける)について「期待」を持っています。データ利用の範囲がこの「期待」の中に入っている限り、当該個人が契約当事者となっている契約の履行のために取り扱いが必要となること、または、契約締結前に当該個人の要求に際して手段を講ずるために取り扱いが必要となることは、データの取り扱いが認められるとして、明示的な同意を求める必要は無いというのが、リアルワールドでの社会規範であると思われます。

明示的な同意を求める必要があるのは、お客の「期待」に入っていない利用をする場合です。このようなものは「重要事項」としてきちんと説明して「明示的な同意」を得る必要があります。逆に言うと、明示的な同意を得る必要があるのは、このような場合だけです。他の適法な取り扱い事由でカバーできることまで明示的な同意を求めるのは、多数の自明の事柄の中に有害なものを一つ紛れ込ませて、錯誤による同意を誘発させる攻撃(「混入攻撃」とでも呼びましょうか) を容易にするので有害です。

このことを鑑みれば、同意については次の２点が言えます。

- 利用者の「期待」の範囲内の利用項目と目的に関しては、同意の行動を求めずに他の適法な根拠を利用しなければならない
- 利用者の「期待」の範囲外の利用項目と目的に関しては、明示的な同意の

行動を求めなければならない

「同意」に依存するということは、その他にも根源的な問題があります。実は、人間のライフサイクルの中で有効な同意を行える期間は限られています。子どもの間は十分な理解力がありませんし、年老いて認知力が弱ってきた場合にも同様です。現行の法律では保護の対象外になっていますが、筆者を含めて一部の人々が重要だと考えている死後のデータの取り扱いについてももちろん同意は与えられないわけです。

実はGDPR（欧州一般データ保護規則）でも、同意は第６条に記載される他の５つの適法な取り扱いの根拠に合致しない場合のみに使う最後の手段とされています。同規則６条による適法性の６つの根拠とは以下になります。

(a) データ主体が、一つ又は複数の特定の目的のための自己の個人データの取扱いに関し、**同意**を与えた場合。
(b) データ主体が契約当事者となっている**契約の履行**のために取扱いが必要となる場合、**または、契約締結の前**に、データ主体の要求に際して**手段**を講ずるために取扱いが必要となる場合。
(c) 管理者が服する**法的義務**を順守するために取扱いが必要となる場合。
(d) データ主体又は他の自然人の**生命に関する利益**を保護するために取扱いが必要となる場合。
(e) **公共の利益**において、又は、管理者に与えられた公的な権限の行使において行われる職務の遂行のために取扱いが必要となる場合。
(f) 管理者によって、又は、第三者によって求められる**正当な利益**の目的のために取扱いが必要となる場合。ただし、その利益よりも、個人データの保護を求めるデータ主体の利益並びに基本的な権利及び自由の方が優先する場合、特に、そのデータ主体が子どもである場合を除く。

(出所) GDPR第6条（個人情報保護委員会訳※。太字下線は筆者）

※https://www.ppc.go.jp/files/pdf/gdpr-provisions-ja.pdf

(b) ～ (f) までの理由によりパーソナルデータを処理する場合、事前の同意は必要ではありません。企業で一番多用されるのは (b) でしょう。この場合、契約を履行するための必要最低限のパーソナルデータを処理するだけ（収集の制限と処理データの最小化をしている場合）であれば、明示的な同意行動の結果を取得する必要は無いわけです。

なお、日本では (f) は認められていません。これが、産業界が「個人情報」の範囲を狭くするように働きかける一因になっていると思われます。本来産業界が求めるべきは、個人情報の範囲を狭くすることではなく (f) です。

8-2 プライバシー告知（Privacy Notice）

8-2-1 ISO/IEC 29184オンライン・プライバシー告知と同意

同意が不要でも、パーソナルデータとして「何が収集され、どのように取り扱われたのか」に関しては、データの主体は知る権利があります。また、同意を得ていることを根拠にこうした処理を行うのであれば、同意の取得前にこれらを告知する必要があります。

このような時に、何をどのように記載して告知すべきでしょうか。頼りになるのは『ISO/IEC 29184 オンライン・プライバシー告知※1と同意（Online privacy notices and consent）』※2という国際標準規格です。この標準規格の目標は、「データ主体がデータ処理（収集、利用、保存、廃棄）の内容とその引き起こし得る影響を理解し、必要な対処を行うことを可能にするようなオンライン・プライバシー告知の構造と内容、並びにパーソナルデータの処理に関する同意を取得するプロセスの管理策（controls）を規定する」ことです。実はこの文書は筆者らが中心となって取りまとめたのですが、後から考えると、「告知」と「同意」は別文書にすべきでした。そうした方がはるかに分かりやすかったと思います（後の祭りですが）。なお、この標準規格の検討には、各国※3の当局も入っています。

※1 筆者も策定に関わったJIS X 9250では「notice」を「通知」と訳してしまいましたが、これは失敗だったと思っています。ですので、本書では「notice」を「告知」と訳します。JISと引き合わせる場合には「通知」と読み替えてください

※2 2020年発行。この文書のプロジェクトリーダーは、筆者、インド・インフォシスのCPOであるプーサラ博士、ベルギーのコンサルタントのステニュイト氏

※3 日本、フランス、イタリア、米国、カナダ、ドイツ・シュレースヴィヒ=ホルシュタイン州、フィリピンなど

この標準規格の主要な部分は第5章にまとめられていて、構成は以下のようになっています。プライバシー告知の内容を記載しているのは5.2、5.3、5.5です。

5.2　告知（に関する全体的な管理目的と管理策）
5.3　告知の内容（に関する個別の管理目的と管理策）
5.4　同意（取得に当たっての管理目的と管理策）
5.5　条件の変更（の時の管理目的と管理策）

また、この標準規格に対するコンプライアンスを実証するに当たっては、次の3点を文書化する必要があります。

(a) 管理策が適用されるか
(b) 管理策を適用しない理由があるならば、その正当化の理由とそれがどのように検証されたかが文書化されているか
(c) 管理策の実施がどのように検証されているか

8-2-2 プライバシー告知に関する全体的な管理目的と管理策

ISO/IEC 29184の5.2節では、プライバシー告知の作成に当たって、以下の8点に注意するよう指摘しています。以下、順に説明します。

(1) 告知を提供すべき状況と形態の識別

(2)　どのような書きぶりであるべきか
(3)　どの言語で提供すべきか
(4)　どのようなタイミングで提供すべきか
(5)　どのような場所（メール、画面、Webサイトなど）で提供すべきか
(6)　どのような形態で提供すべきか
(7)　継続的な参照手段はどうあるべきか
(8)　アクセシビリティーの配慮はどうあるべきか

(1) 告知を提供すべき状況と形態の識別

プライバシー告知は、パーソナルデータを処理するに当たって必要になるものです。実質的なものにするには、どの状況でどのような形のものが望まれるかを識別せねばなりません。見落としがちですが、プライバシー告知は、データ主体だけに提供するものではありません。プライバシー保護団体や消費者団体、当局などの当該取引に関わらない外部者も検証できるように、広く提供しなければなりません。

(2) どのような書きぶりであるべきか

プライバシー告知は、対象者が理解できない書き方では意味がありません。例えば、難解な法律用語を使って細かい字で表示するのでは、大部分の対象者には意味が無いのです。書きぶりには十分注意し、法律や技術の知識が無くても短時間で簡単に読んで理解できるように、コンパクトに読みやすく、字の大きさなどにも配慮して書く必要があります。

(3) どの言語で提供すべきか

対象者が理解できる言語で提供しなければ意味がありません。日本語を理解できる人だけが対象者なら日本語表記だけでよいでしょうが、日本語を理解できない人も想定するなら、日本語表記に、例えば英語表記も加える必要があります。また日本語を理解できるといっても、漢字が苦手な方々（移民や外国人の方々に限りません）のことも考えると、「やさしいにほんご」※での提供を考慮すべきでしょう。

※ 東京都オリンピック・パラリンピック準備局『「やさしい日本語」について』<https://www.2020games.metro.tokyo.lg.jp/multilingual/references/easyjpn.html>（2020年1月4日取得）

(4) どのようなタイミングで提供すべきか

データ主体との関係性が始まる時点にのみプライバシー告知を提示する場合が見られますが、これだと、実際のデータの取得時点とプライバシー告知の提供時点に大きな時間差が生じることがあります。これに起因して、データ主体が想定していないタイミングや場所でデータ取得が行われ、データ主体に驚きを与える可能性があります。これは望ましくありません。こうしたことを避けるために、どのようなタイミングでプライバシー通知を提供するのが良いかを検討し、文書化する必要があります。

(5) どのような場所（メール、画面、Webサイトなど）で提供すべきか

どのような場所でプライバシー告知を提供するのが良いかは、そのサービスの性質に依存します。モバイルアプリ上での処理であればモバイルアプリ内での提示が妥当ですし、Webサイトであればサイト内での提示が妥当です。しかし、サービスの性質によっては、データ主体との明示的なやりとりなくデータの処理が行われる可能性があります。

このような場合、当該組織のWebサイトに掲示しても、そもそもデータ主体はそのWebサイトを探し出すことができないので無意味です。このような状況では他の手段を考える必要があります。例えば、オンライン広告であれば、オンライン広告を出稿するサイトに掲示してもらうとか、広告業界でプライバシー通知を集めて掲示するサイトを作るといった方法が考えられます。また、直接・間接的にデータ主体に到達する手段があるならば、そこに対してプライバシー告知を含む「データ領収証」を送信する方法もあるかもしれません。

(6) どのような形態で提供すべきか

プライバシー告知の形態には様々なものがあります。例えば、階層型告知（layered notice）、アイコンでの表示、データ取得や利用の時点での表示（OpenID ConnectやOAuthの同意画面など）などです。

階層型告知というのは、第1画面で特に大きなプライバシー影響があるものや予想外の処理を表示し、第2画面以降に処理の全体を記述するやり方です。第1画面には、データ主体ができるだけ短時間で読めるように重要事項をコンパクトに表示し、そこからドリルダウンして詳細を参照できるようにするなどが考えられます。ここで述べた各種手段は排他的ではありません。例えば、OpenID ConnectやOAuthの同意画面で階層型告知を表示することももちろん考えられますし、階層型告知の第1画面ではアイコン表示することもあり得ます。

(7) 継続的な参照手段はどうあるべきか

プライバシー告知は時間の経過とともに改定されていくことが少なくありません。その場合、データ主体に適用されているプライバシー告知と、最新の告知内容が違ってしまうことになります。そうした場合でも、データ主体が自分にかかるプライバシー告知を参照できるように提供し続ける必要があります。

(8) アクセシビリティーの配慮はどうあるべきか

アクセシビリティーの配慮は必要で、当該オンラインサービスで利用している技術に合わせて提供します。例えば、目が見えない方に対しては、音声で提供したり、画面リーダーで読める形で提供したりします。この点については「ISO/IEC 40500 W3C Web Content Accessibility Guidelines（WCAG）2.0」などが参考になるでしょう。

8-2-3　告知の内容に関する個別の管理目的と管理策

次は、プライバシー告知の内容です。パーソナルデータがどのように処理され、データ主体にどのような権利があるのかについて、十分な情報が含まれていなければなりません。また、それらをデータ主体が理解できるようになっていることが必要です。ISO/IEC 29184では、以下を求めています。順に説明します。

(1) データ処理の目的を解説すること
(2) 目的の解説を、想定プライバシー影響度の高いものから並べること
(3) データ責任者（controller）が誰であるかを明示すること
(4) どのようなデータが収集されるのかを明示すること
(5) データ収集の方法を明示すること
(6) データ収集のタイミングと場所を明示すること
(7) 利用方法を明示すること
(8) 保管場所を明示すること
(9) 第三者提供の有無と提供先を明示すること
(10) データ保管期間を明示すること
(11) データ主体がどのように関与できるかを明示すること
(12) 問い合わせおよび苦情相談窓口を明示すること
(13) どのような選択をデータ主体がこれまでに行ったかの情報へのアクセス手段を明示すること
(14) 処理の根拠を明示すること
(15) データ主体へのプライバシーリスクが高い場合、または、データ主体が想定することが難しいリスクを明示すること

(1) データ処理の目的を解説すること

データ主体が、自分に関するデータが何のために使われるのかを理解できるように解説することを求めています。あまりに詳細過ぎると頻繁な改定が必要になりますし、あまりに漠然としていると（例えば「マーケティング目的」のように）意味がなくなります。ちょうどよいバランスを取ることが必要です。また、取得されるデータの種類ごとに利用目的が異なる場合、データの種類ごとに解説する必要があります。

(2) 目的の解説を、想定プライバシー影響度の高いものから並べること

ISO/IEC 29184では、データ主体によってほとんど影響のない利用目的の中に、影響度が大きい目的を隠すような、「木を森に隠す攻撃」をしないように求めています。厳密に考えると、プライバシー影響度の順位は人によって異なります。多くの人にとってあまり影響しないと思われるものでも、ある特定の人には大きな影響を与えることが考えられます。もちろん、そのような場合を識別してその順番で並べることができればそれに越したことはありませんが、大変困難であることが想定されます。ISO/IEC 29184では、一般の人を基準に並べることを要求するにとどめてあります。

(3) データ責任者 (controller) が誰であるかを明示すること

これはあまり解説を要しないでしょう。例としては、法人名、法人番号、連絡先住所、電話番号、メールアドレスなどを表示することが求められます。場合によっては部署名も表示することが求められるかもしれません。

(4) どのようなデータが収集されるのかを明示すること

収集されるデータ項目を明示することが求められます。その項目の取得が明らかな場合でも、ここに含めなければなりません。どのようなデータが表示対象になるかは、ISO/IEC 29100（JIS X 9250）の4.4節が参考になるでしょう。日本の個人情報保護法でいう個人情報よりも広く取ることが求められます。場合によっては、項目名だけではどのデータのことを指しているのか、データ主体には判別がつかないことがあります。例えば、「電話番号」といっても、会社の営業用の電話番号と、個人の携帯電話番号では自ずとプライバシー影響度が異なります。このような観点から、可能な場合にはデータ自体を表示することをISO/IEC 29184では求めています。例えば、次のような表示です。

電話番号: 090-1234-5678

Eメール: sakimura@example.com

紙で実データを表示するのは不可能ですが、オンラインの場合は可能な場合がままあります。例えば、OpenID Connectを使ってデータを取得する場合などです。また、実データを表示するのが不可能な場合でも、例示することは可能ですので、そうすることが推奨されます。

なお、生のデータを出せばよいというものではありません。それでは個人には理解不能なことがあるからです。例えば、位置情報としてGPS座標を取得する場合には、その値を出してもほとんどの場合意味がありません。「法的知識、技術的知識」が無ても理解できなければならないのですから、そのような場合には、地図上にその場所をプロットして表示するようにします。実際、Facebook MessengerやLINEなどで位置情報を提供するときにはそのように表示されます。

(5) データ収集の方法を明示すること

どのような方法でデータを取得するのか、その場合にどのようなリスクがあるのかを明示しなければなりません。データ収集の方法には、個人から直接取得する以外にも、信用情報機関などの第三者から取得したり、観察によって取得したり（例：WebブラウザーのCookie情報とアクセス履歴から取得)、推測により取得したり（例：プロファイリング、スコアリング）することがあります（**図表8-1**)。データ項目によって違う方法が採られる場合には、どの方法によってそれぞれの項目が収集されるかが分かるようにすることが求められます。

図表 8-1　データ取得方法

出所：筆者

データ取得方法	例
個人からの直接取得	Web 上のフォーム入力
観察による取得	Web ブラウザーの Cookie 情報とアクセス履歴
推測による取得	プロファイリング、スコアリング
第三者からの取得	情報信用機関からの購入

(6) データ収集のタイミングと場所を明示すること

どのタイミングでデータ取得するかを明示しなければなりません。ただし、本人がデータを明示的に投入するなど、データ主体にとってタイミングと場所が明らかな場合はその限りではありません。告知を提示するタイミングはデータ収集される前であるべきです。例えば、Webフォームでデータを初めて投入する場合には、そのWebフォームの冒頭にリンクを張ります。監視カメラの場合には、監視カメラでカバーされるエリアに入る前に「監視カメラ稼働中」との表示とともに、データ責任者の名前とプライバシー通知を取得するためのコンタクト先などを提示すべきです。

(7) 利用方法を明示すること

収集したパーソナルデータをどのように「利用」するかを明示する必要があります。「利用」とは、「生データのまま」「集計など一定の処理の後」「他のデータと組み合わせて」「機械学習によるプロファイリングなどの自動処理」など、様々な形態があります。なお、「一定の処理」が適用された後に利用されるのであれば、どのような処理が適用されるのかも説明するのが望ましいです。例えば、仮名化し、なおかつ位置情報は丁目レベルに丸めた後で利用するのであれば、それを明示した方が親切です。

(8) 保管場所を明示すること

「場所」とは、地理的な場所と法域を指します。どの場所にデータが保管されるか、どの法域に保管されるかによってプライバシー影響度は異なります。例えば、データが日本国内に保管されるのと、十分な保護法制がない国に保管されるのとでは、想定されるリスクが異なります。

この点でよく引き合いに出されるのが、EUの十分性認定です。これは、EUが対象の法域に対して、十分な保護があるかどうかを認定するものです。認定された法域に対しては、個人の明示的同意や企業の認定が無くてもデータの移転が可能になるなどのメリットがあります。なお、ここで「国」ではなく「法域」としたのは、国には複数の法域があり得るからです。例えば日本の場合、大きくは民間の法域と公的サービス部門の法域に分かれます。

後者は「2000個問題」といわれ、自治体ごとの法域が乱立している状態です。これらの法域の中で、EUの認定を受けているのは民間部門の法域だけです。民間部門に関しては、日本では個人情報保護法が適用され、第三者監督機関である個人情報保護委員会の監督下に入ります。地方公共団体に保管される場合は、その市区町村の個人情報保護条例が適用され、その保護レベルはまちまちですし、国の行政機関によって保存される場合には「行政機関の保有する個人情報の保護に関する法律」が適用され、独立した第三者監督機関は存在しなくなります※。

※これらの要因のため、EUによる十分性認定は民間部門に限られています

しばしば問題にされるのが、政府による無制限アクセスです。昨今では中国がやり玉に挙げられることが多いですが、実は米国や日本もやり玉に挙げられています。日本では、先に示した「2000個問題」の解決※と、公的部門を監督する強力な執行力を持った独立第三者機関の設置が求められています。

※個人情報保護法の次期改定により、2022年度より「2000個問題」は解決される方向です

(9) 第三者提供の有無と提供先を明示すること

通常のビジネスプロセスの中で第三者（データ主体でもデータ責任者でもその委託先でも無いもの）にデータが移転・開示される場合には、その旨を明示する必要があります。その場合、以下を併せて明示することが望ましいとされています。

- 誰に対して移転・開示されるか
- それはどの地理的場所ならびに法域に存在するか
- 何の目的のために提供されるか
- その移転に伴う負の影響にはどんなものがあるか
- どのような技術的対策および組織的対策が移転に適用されるか

第三者の指定方法としては、個別の組織・人を指定する方法の他に、明確に定義された基準に基づくグループで指定することも可能です。なお、この項目は、「データ処理の目的」の項目にも反映される必要があります。

(10) データ保管期間を明示すること

データ保管期間は処理の目的に応じて適切でなければならず、プライバシー告知の中に、取得したパーソナルデータをいつまで保管するか、どのようなタイミングで廃棄するかを明示する必要があります。指定方法としては、取得時点からの期間、あるイベントからの期間、特定の日付、その他の方式の記述などがあります。

(11) データ主体がどのように関与できるかを明示すること

データ主体がどのような権利を持っているのかを、プライバシー告知の中に明示する必要があります。権利としては、データアクセス、修正、削除、異議申し立て、制限、データポータビリティー、同意の撤回など、様々なものがあります。もちろん、法令で認められているものはこれに含めなければなりませんが、それを上回るものでも必要と思われる権利を明記すべきです。この際、データ主体側に立つことで、データ主体からの信頼を獲得でき、ひいてはビジネスを有利に運ぶことが可能です。昨今、「プライバシー保護は金になる」といわれるのはこの流れです。明示に当たっては、次のような内容を含むことが望ましいです。

- どの項目についての権利か
- 権利行使に当たってデータ主体はどのようなユーザー認証情報を提供する必要があるか
- どのような時間軸でリクエストが処理されるか
- 手数料徴収が法令で許される場合にはその手数料
- データの正確性に異議申し立てして修正してもらうための方法
- 異議申し立てが認められないような状況、同意が処理の根拠である場合の同意の撤回方法権利行使に当たってユーザー認証情報を提供する、すなわち個人情報を提供するというのは不思議に思われるかもしれませんが、これをきちんと行わないと第三者に情報提供してしまうことになりますから、この確認は重要です。もちろん、認証に必要な情報以外は取得すべきではありません。

(12) 問い合わせおよび苦情相談窓口を明示すること

プライバシー告知には、データに責任を持つ組織に対する問い合わせ、および、苦情相談窓口を明示することが求められます。これには、対象となる個人情報保護団体や監督機関を含みます。提示する情報としては、電話番号、Webサイト、メールアドレス、住所などがあります。

(13) どのような選択をデータ主体がこれまでに行ったかの情報へのアクセス手段を明示すること

プライバシー告知には、いつどのような選択をデータ主体が行ったのか、その証跡にデータ主体がアクセスできる方法を含まなければなりません。いわゆる「同意」の記録です。ここで、「選択」という単語を使っているのは、この行為が必ずしも「有効な同意」になっているとは限らないからです。この「選択」は、当初行った「選択」、その後修正した「選択」（撤回を含む）を含みます。上記で「いつ」と言っているように、その「選択」を行った日時も証跡に含みます。

(14) 処理の根拠を明示すること

プライバシー告知には、処理の根拠を明示しなければなりません。同意が根拠であれば「同意」となりますし、契約の実施が根拠であればそう書くことになります。日本の宿泊施設の宿帳・宿泊者名簿への記録であれば、「旅館業法第6条」のように記載することになると思います。この場合、利用目的の項には、伝染病や食中毒などが発生した際の追跡、賭博などの違法行為や風紀を乱す行為の防止、などと記載されることになるでしょう。ただし、このように書いた場合には、宿泊施設がデータ主体にお得情報のお届けなどはできないことに注意が必要です。実施するのであれば、「同意」も根拠に追加し、利用目的も適宜追加する必要があるでしょう。

(15) データ主体へのプライバシーリスクが高い場合、または、データ主体が想定することが難しいリスクを明示すること

データ主体にとって、当該データ処理がどのようなリスクを生むかを見通すことは必ずしも容易ではありません。データ主体とデータ責任者の間には、リスクについて情報の非対称性が存在するのです。そのため、データ責任者が知り得たリスクをデータ主体に伝達することは、データ責任者の責務です。

ISO/IEC 29184ではこうしたリスク、特に高いリスクや隠れたリスクについて、プライバシー告知で明示することを求めています。プライバシー告知の中では、独立したリスク項目を立てるよりも、他の項目に含めて書いた方が効果的な場合、そのようにすることが推奨されます。

8-3　同意の取得と変更

8-3-1　同意の取得

同意を処理の根拠として使う場合には、データ主体に同意行為を実施してもらう必要があります。これは、公正で、実証可能で、透明で、明確で、撤回可能でなければなりません。そのためには何をすればいいのでしょうか。ISO/IEC 29184では次に示す7点を挙げています。順に説明します。

(1) 同意が適切な処理の根拠であることの確認
(2) 理解と自由意志に基づく同意
(3) 同意行為を実施するアカウントの明示
(4) 他の同意からの独立
(5) 必須項目と非必須項目の分離

⑹ 頻度
⑺ 適切なタイミング

(1) 同意が適切な処理の根拠であることの確認

「同意」が本当にその場合の適切な処理の根拠であるかどうかを分析・確認し、もしそうであるならば、データ主体に「同意」をしてもらう必要があります。例えば、機微なパーソナルデータを初めて処理する場合や目的を追加する場合、法令が明示的同意を求めることがあります。その場合には、当然「同意」が処理の根拠になります。

一方で、本章の「常に明示的同意が必要か？」で説明したように、法域によって許される他の適法な取り扱いの根拠の方が望ましい場合も多々あります。そのような場合には、同意ではなくて「契約の実施」など、他の根拠を使うことになり、同意は適切な根拠ではないことになります。

(2) 理解と自由意志に基づく同意

ISO/IEC 29184に基づくと、「理解と自由意志に基づく同意である」と認められるには、以下の要件がそろっていることが必要です。

- （８－２で述べたような）十分な情報が提供されている
- 脅迫などによらない自由な意志である
- 与えたのと同程度に容易にアクセス・修正・撤回できる形である
- 明示的な行動（チェックボックスをクリックするなど）である

(3) 同意行為を実施するアカウントの明示

データ主体から同意を取り付けるには、まずその主体を確定しないと話になりません。ここをないがしろにしていると、データ主体が後から同意内容にアクセス・修正・撤回することができなくなりますし、どのオンライン人格（アイデンティティー）※として同意するのかが曖昧だと、情報提供や処理に対する錯誤による同意が起きてしまい、プライバシー上の事故に帰結します。

※このオンライン人格（アイデンティティー）のことを、ISO/IEC 29184では「アカウント」と表現しています

例えば、家庭では、家族でPCを共有し、Webブラウザーは複数のアカウントにログインしているケースはよくあることです。また、個人のアカウントとビジネスのアカウントが混在しているようなこともあります。Google検索やYouTubeなどでは、2021年4月段階、右上にアカウントを示すアイコンがあり、そこからその時々で使用するアカウントを選択することができます（**図表8-2**）。この画面でどのユーザーとして作業をするかを選べます。

パーソナルデータに関する同意を行う際にも、どのアカウントで同意行為を実施するかは極めて重要です。間違って配偶者のアカウントで同意すると、目も当てられないことになる可能性があります。ですから、どのアカウントで同意を行おうとしているか分かりやすく表示することはとても大切です。

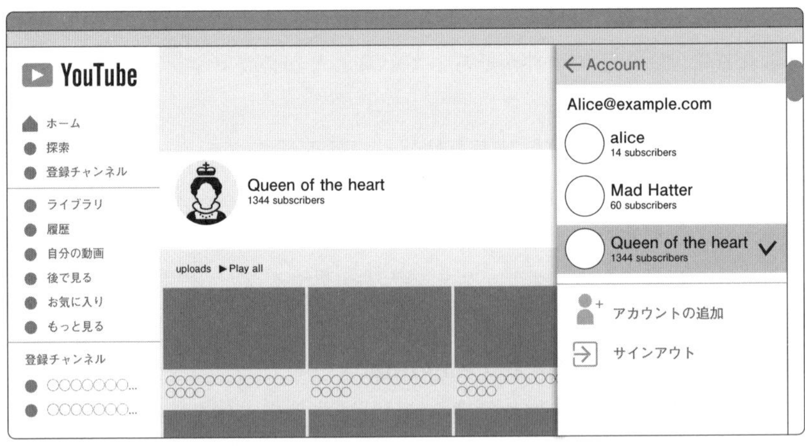

図表8-2　YouTubeでのアカウントの選択

(4) 他の同意からの独立

ある関係性を作る時に、プライバシー関連以外の同意も必要になることがあります。典型的には、サービス利用規約への同意などです。ISO/IEC 29184では、プライバシーに関する同意を、こうした他の同意からは独立して取得するように求めています。これは、サービス利用規約（これに対して同意しないとサービスを利用できないのですから、同意ボタンを押す可能性は極めて高いです）にプライバシーに関わる同意項目を紛れ込ませて、強制的、または錯誤により「同意」させることを防ぐためです。

(5) 必須項目と非必須項目の分離

サービス提供に欠くことができない項目は、その利用ができなければそもそもサービスを提供できません。その場合には、同意ではなく契約の実施を処理の根拠として使うべきと思われますが、あえて同意でやる場合※、必須項目と非必須項目を分けて同意を取得すべきです。後者は同意しなくてもサービスを支障なく受けられることが明確に理解されないといけないからです。逆に言えば、このように分離されていれば、非必須項目をユーザーが提供するという行為自体が、同意の行為を表していると取ることもできるでしょう。

※それが必要な法域もあるでしょう。例：日本における要配慮情報

必須項目と非必須項目を分離する例として、WebサイトのCookieの利用があります。最近、Cookie利用の同意画面をしばしば見るようになりましたが、あの同意の中には複数の要素が混じっているサイトがあります。サイトが正常に機能するためのCookieに対する同意、サイト内での利用分析などに使うCookieの同意、広告のためのCookieの同意などです。これらの同意をまとめて取得させるのは適切ではありません。

そもそも、サイトが正常に機能するためのCookieは、同意を処理の根拠にするのではなく、契約の実施などを根拠にすべきでしょう。サイト向上のための利用分析用に使う場合も、EUであれば、正当利益の範疇でしょう。

自サイトに閉じた広告のためのCookieも、ユーザーにとってそのサイトが広告で運営されていることが明らかであれば、やはり正当業務行為の範疇かもしれません。そのように考えると、サイトをまたがってユーザーをトラッキングするためのトラッキングCookieくらいしか同意を得るべきCookieは無くなってしまうと思うのです。サイトとして必要※なCookieの利用に対する同意は当然「非必須」です。したがって、トラッキング用Cookieは別出しで同意を取得すべきということになります。

※EUのePrivacy Directiveの場合は「厳密に必要」な場合には同意は必要ないとしています

(6) 頻度

過去に得た同意の再確認や新たな同意の取得は、適切な頻度で行われる必要があります。あまりにも頻繁に同意を得ようとすると、前述のクリック・トレーニングになってしまい、同意としての意味が失われます。悪い例としてはCookie同意です（もはや皆さん、何も考えずに反射運動でCookieに同意しているのではないでしょうか）。

(7) 適切なタイミング

実際のデータの取得や利用に比べてあまりにも早いタイミングで得た同意は、その間に事情の変更が起きることを勘案すると、実務的効果はあまり無いと言えます。したがって、同意の取得は、実際のデータ処理に近いタイミングで行う必要があります。

8-3-2　条件の変更

当初の同意を得た後、処理内容に重要な変更がある場合は、データ主体にそのことを知らせ、場合によっては同意の再取得が必要です。「プライバシー告知の更新」と「同意の再取得」に分けて解説します。

プライバシー告知の更新

プライバシー告知の内容に重要な変更があった場合、データ主体に知らせる必要があります。具体的には、以下のような場合です。

- データ責任者の連絡先が変わった場合
- 連絡先の詳細が変更された場合
- 第三者提供先が変わった場合
- データ保管期間が変わった場合

同意の再取得

処理の条件が変わった場合、組織はデータ主体から同意を再取得する必要があります。これが終わるまでは、条件の変更を当該主体に対して実施してはなりません。これは、データ主体にとっての不利益変更である場合には特に当てはまります。プライバシー告知の内容に実質的な変更がある場合が当てはまり、具体的には次のような場合です。

- データ責任者が、取得したデータの利用目的を、同意を得たときの範疇外に広げる場合
- データ責任者の組織に重大な変更がある場合（例：所有者の変更、事業目的の変更）
- 収集するデータの変更

同意の再取得に当たっては、データ主体自身が過去に行った同意の内容に容易にアクセスできるかどうかを考慮する必要があります。アクセスでき、かつ同意の取得からさほど時間がたっていない場合には、再同意を得るだけで十分です。一方、前回同意の内容に容易にアクセスできる状況にない場合には、前回同意の内容に再同意してもらい、さらに、今回の変更に対する同意をしてもらう必要があります。もし、同意の再取得が必要な状況であるにもかかわらず同意が得られない場合には、元の同意も破棄されたと見なすべきです。

なお、今回の変更が前回同意のコンテキストの範疇内であり、かつ、変更

内容がデータ主体に通知されている場合には、ISO/IEC 29184的には同意の再取得は必要ありません。もちろん、法令が同意の再取得を要求している場合にはその限りではなく再取得は必要になります。

多くの場合、同意の再取得は、データ主体が次回そのサービスにログインする時に行われます。

8-4 告知と同意に係るその他の課題

ここまで、ISO/IEC 29184に基づくプライバシー告知と同意に関する要求事項の概略を説明しましたが、まだ積み残しの課題があります。それは次の２点です。

- 同意先の信頼性の課題
- どこで自分のデータが処理されているかの検索性の課題

8-4-1 同意先の信頼性の課題

ISO/IEC 29184はプライバシー告知の内容をかなり詳細に規定していますが、プライバシー告知がこれに従って作られていたとしても、当該組織がそれを守っているとは限らないわけです。そして、一般には、このことをデータ主体が知るすべはありません。何らかの尻尾を出すまでには時間がかかることが想定され、それまでに被害は起きてしまいます。

この情報の非対称性を埋めるには、何らかの追加的管理策が必要です。一つ考えられるのは、いわゆる「トラストフレームワーク」と呼ばれる、「信頼できる事業者だけのグループ」を構築することです。トラストフレームワークでは、事業者が従うべき業務「ルール」と、彼らが使うべき技術的「ツール」を整備するとともに、審査・監査の枠組みを備え、違反者へは罰を与え、紛争には解決手段を与えるという枠組みを整備します。

その一つの例が、いわゆる「情報銀行」です。情報銀行は、総務省と経済産業省が共同で作成している『情報信託機能の認定指針』に従って民間事業者が認定を行う仕組みで、2021年4月現在は、日本IT団体連盟が唯一の認定機関となって認定を実施しています。実際の認定に当たっては、指針をさらに詳細化した『認定ガイドブック』が使用されています。この中では、情報を処理する情報銀行自体の信頼性と倫理性を担保するとともに、情報銀行が個人に代わって、情報提供先（同意の提供先）を審査する形を採っています。

8-4-2 どこで自分のデータが処理されているかの検索性の課題

このようにして、適切に告知と同意を行ったとしても、まだ問題は残ります。それは、私たちは同意をした場所を覚えていられないという問題です。これではせっかくの同意撤回権も台無しです。どこに同意したかが分からなくては、撤回権の行使ができないからです。この問題は、処理の根拠が同意以外である場合はさらに深刻になります。筆者は、今日時点で使っているパスワードの数が1037個であると即答できるくらいに記録魔ですが、それでもどこで筆者のデータがどの根拠に基づいて使われているかは全く管理できていません。

この問題に答えるべく、カンターラ・イニシアティブ（Kantara Initiative）※の作業部会で提案されているモデルに「情報レシート」という概念があります。元は「同意レシート」と言っていたのですが、同意ではなく他の適法な根拠に基づいたデータの取り扱いの分もカバーするために、「情報レシート」という名前になっています。

※ 筆者も発起人の一人となり、名付け親となった、アイデンティティーおよびプライバシーに関する規格をインキュベートする団体

基本となる概念はとてもシンプルです。組織がパーソナルデータを受け取ったら、ISO/IEC 29184で定義されるプライバシー告知をデータ主体に送りつける、それだけです。送り先としては、情報銀行やPDSが理想的ですが、中間的段階として、メールアドレスに送りつけるというような対応も考えられると思われます。

この考え方に先立つ「同意レシート」の規格案はカンターラ・イニシティブ内での承認は終わり、ISO/IEC JTC 1/SC 27/WG 5に提案され、本書の執筆段階では、「ISO/IEC TS 27560 Privacy technologies — Consent record information structure」として国際規格化が始まっています。「情報レシート」はその先にあるもので、まだまだ先の概念と言えますが、ひょっとすると、ISOでのこの検討に含まれてくるかもしれません。要観察と言えましょう。

第９章　信頼、ブランド、そしてトラストフレームワーク

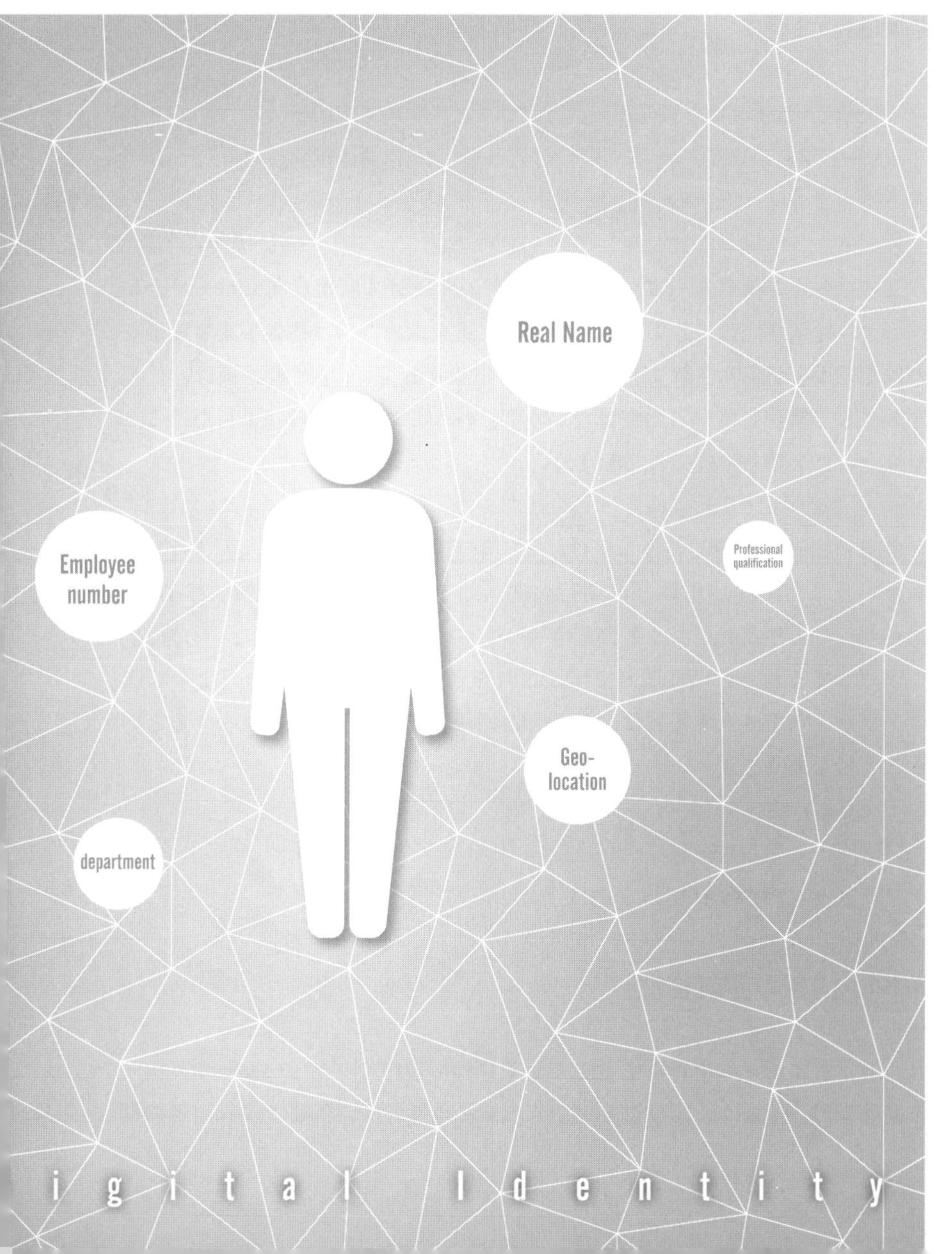

9-1　信頼とブランド

第８章（8-1-4）で紹介した経済産業省IT融合フォーラムパーソナルデータワーキンググループのKDDI総研・高崎氏の報告には、もう一つ面白い研究結果があります。

- サービス提供事業者評価が高いほどサービス利用意向が高い
- サービス提供事業者評価とプライバシー懸念には負の相関がある

（出所）KDDI総研・高崎晴夫氏

このワーキンググループでは、「利用者のサービス利用意向やパーソナルデータの提供意向に対して、最も大きな比重を占めたのは提供事業者評価なのはなぜか」が議論されました。一つの結論として、「事業者評価は、代理変数として機能しているのではないか」ということが挙げられました。ここで、その点を掘り下げてみましょう。

事業者評価が高いということは、その事業者が信頼（トラスト）されているということです。信頼とは期待に応えるということです。換言すると、ユーザーの「どのようなことが起きるかについての事前の把握ないし意見」を実現してくれるということです。これを別の言葉で「ブランド」といいます。ブランドを確立するとは、こうした期待に応えるという約束をするということでもあります。

信頼　＝　期待に応えるということ
ブランド　＝　期待に応える約束

9-1-1　情報の非対称性

パーソナルデータを提供する際、ろくに利用規約やプライバシーポリシーを読まない（または、読むことができない）利用者は、事業者が利用者の期待に応えてくれるかどうか分からない状態にいます。たとえ読んだとしても、事業者の側はどれだけのサービスを提供するか、どのように受け取ったパーソナルデータを管理するか分かっていますが、利用者の側は分からない状態にあります。このような状態のことを「情報の非対称性にさらされている」といいます。

情報の非対称性は、ノーベル経済学賞学者のケネス・アローが1963年に最初に指摘した問題です。「情報の非対称性」という言葉が最初に使われたのは、これまたノーベル経済学賞学者のジョージ・アカロフの『レモン市場：品質の不確実性と市場メカニズム※』(1970) です。

※「The Market for Lemons: Quality Uncertainty and the Market Mechanism」

ここでの「レモン」は柑橘類のレモンを指しているわけではありません。米国の隠語で、ポンコツ自動車のことを指します。ジョージ・アカロフの論文タイトルの意味は「ポンコツ中古車市場：品質の不確実性と市場メカニズム」ということになります。

中古車市場では、高品質の中古車とポンコツ車がある一定の割合で混じっています。売り手はその車がポンコツかどうか知っていますが、それを買い手に言うインセンティブはありません。そのため、売り手と買い手の間には情報の非対称性が生じます。

この状況の下で買い手が現れたとき、どうなるでしょうか。例えば、ある車の価値が5割の確率で100万円、5割の確率で20万円だったならば、平均の60万円以上は払いたくないということになります。すると、売り手は60万円以上の価値がある車を売りに出すことは諦め、市場には60万円以下の価値の車だけが出回ることになります。すると、今度は買い手が払ってもよいと思う価格は40万円に下がってしまい、売り手は40万円以上の車を売りに出すことを諦めてしまいます。

このサイクルが繰り返されると、売り手は20万円以上の車を売ることができなくなります。低品質の商品だけが市場に残るのです。この過程のことを「逆選抜」と呼びます。

これをパーソナルデータの流通に適用してみましょう。事業者は利用者にサービスを提供します。サービスの提供に当たっては、若干のパーソナルデータが必要です。優良な事業者は、必要最低限のパーソナルデータしか取得しませんし、その管理もきちんとします。しかし、不良業者は必要の無いデータまで取り、それを転売します。利用者は、そのサービスが優良なのか不良なのか分かりません。利用者は、もちろん不良業者にデータは渡したくありません。結果、本来流れるべきよりも少ないパーソナルデータしか流通しなくなります。これは、今現在の状況と似通っています。

9-1-2　ブランドと情報の非対称性

情報の非対称性への対策として最も効果的とされるのが、品質保証制度です。中古車でも「半年間は品質を保証します」と約束する業者がいます。この品質保証には、売り手が自分で行う品質保証と、第三者が行う品質保証があります。

売り手が自分で行う品質保証は、売り手が嘘をついていた場合に、売り手が大きなダメージを受けるという後ろ支えが必要です。そうでなければ、買い手はその品質保証を信じることができません。米国ではよく「Money Back Guarantee（返品自由）」という保証がつけられますが、これなどはその典型的な例と言えるでしょう。

そして、もう一つのダメージのあり方が「ブランドの棄損」なのです。前述のようにブランドとは、「期待に応える」という約束です。このブランドを棄損するには、利用者に対して不誠実な事例を一つ作れば十分です。ブランドは、期待に応え続けないと、口コミその他で評判が失墜してしまう多大な評判リスクを常に抱えているのです。

一方で、ブランドの構築には多大な費用がかかります。一旦ブランドが棄損してしまうと、それを取り戻すのは大変な直接的費用・機会費用がかかります。あるブランドが利用者にサービスを提供するということは、この費用を信用の裏書きに提供しているのです。そのブランドの顧客からすれば、自分をだますことによってその事業者が得られる利得は、それによって失う期待利得よりもはるかに小さくなるので、自分のことはだまさないだろうと信頼することができるということになります。したがって、ブランドが利用者のパーソナルデータ提供意向に支配的な影響を持っているというのは、しごく納得できることなのです。

ブランドがない事業者はどうすればよいのか

ブランド構築には多大な費用と時間がかかります。多くの中小企業には手が届きません（日本の経済の過半は中小企業が支えているというのに）。その問題は昔から議論されており、実際に手当されてきています。

それが「第三者認定制度」（「トラストフレームワーク」と言います）などの認定制度です。これは、一定の基準を満たしていることを信頼できる第三者が認定してマークを付け、人々が簡単にそのことを認識できるようにする仕組みです。次節では、「トラストフレームワーク」について掘り下げます。

9-2 トラストフレームワーク

9-2-1 身近な第三者認定制度（トラストフレームワーク）

第三者認定とかトラストフレームワークというと何やら難しそうに聞こえますが、実は案外身近なものです。例えば、食品（農産物）に関しては、JASマークがあります。多分見たことがあると思います。もしなければ、コンビニエンスストアやスーパーマーケットに行った時に、真空パックの加工食品の裏などを見てみてください。このマークが付いている商品はたくさんあると思います。

このJASマークは、勝手に付けてよいものではありません。農林物資の規格化及び品質表示の適正化に関する法律（JAS法、1950年公布）に基づく、農・林・水・畜産物およびその加工品の品質保証の規格である「日本農林規格」に適合した食品などの製品にのみ、付けることを許されているマークなのです。このマークが表示されていれば、消費者は一応安心してその食品を買えるということになります。

もう一つの身近な例は、クレジットカードです。多くの個人向け商取引の場合、次の２つの情報の非対称性が存在します。

(a) 個人の支払能力に関する情報の非対称性
(b) 商店のサービス提供能力に関する情報の非対称性

クレジットカードが無い場合、(a) に関しては現金販売だけで掛け売りはしない、(b) に関しては持って帰れるかその場でサービス終了するものしか購入しない、ということで解決されます。これに対してクレジットカードが提供するのはざっくり言えば、(a) 個人の支払能力の保証、(b) 商店がサービス提供しなかった場合の返金の保証、ということになるでしょう。これによって双方のリスクが減り、取引が活性化することになります。

9-2-2 トラストフレームワークの一般的な形態

トラストフレームワークが機能するには、次に示す３つが何らかの形で確認されていることが必要になるといわれます。

(1) 期待される成果を出すための技術の実装
(2) それの適切な運用ルール設定とその順守
(3) そうは言っても起きる失敗時の救済手段の整備

もちろん、利用者本人が確認するということも可能ですが、それは非常にコスト高であるし、それを行った場合はすでにその系を「トラスト」しているのではなく、その系が正しく動くことを「知っている」ことになってしまいます。そのため、一般には誰かが確認しているということに依存する形になります。「誰か」は「サービスの提供者」であることもあるし「第三者」であることもあります。前者を「自己宣言モデル」と言い、後者を「第三者確認モデル」と言います。

自己宣言モデルが機能するためには、自己宣言を覆した場合に、宣言者が大きなものを失うことが必要です。米国の場合には、FTC法5条によってFTCが多額の制裁金を科し、かつ責任者は重罪裁判所で裁かれる可能性があるというようなことで担保されます※。ブランドモデルも実際にはこの自己宣言モデルの類型として考えることができます。この場合の「失う」ものはブランド構築に要した費用と、インシデント後の売上高の減少になります。

※個人情報に限ったことですが、EUのGDPRもこの類型と考えることができます

一方の第三者確認モデルは、審査員や当局という「第三者（third party）」がちゃんと確認をしていることを「信頼・トラスト」するので、「信頼できる第三者機関（trusted third party；TTP）」モデルと言います。金融機関においては、金融庁や日本銀行などがこの役割を担っています。第三者確認モデルでも、その第三者をだますことは可能なので、そのような場合には制裁が

必要です。金融機関の場合には、金融当局による監視と制裁（例：免許の停止）がそれに当たります。

9-3 マネジメントシステム認証と品質適合認証

自己宣言モデルであれ第三者確認モデルであれ、誰かが9-2-2で示した（1）（2）（3）を確認する必要があります。製品やプロセスなどが特定の規格などの要求事項に適合していることを第三者（認証機関）が審査し、証明することを「認証（Certification）」と言います。アイデンティティー管理における「認証（Authentication）」とは違うことに注意してください。このあたり、用語を分けるべきだと思うのですが、現状は分かれていないので仕方がありません。

「認証（Certification）」には、大きく分けて「マネジメントシステム認証」と「製品認証」とがあります。情報の分野で有名な情報セキュリティーマネジメントシステム（ISMS）などに基づく認証は前者、コモンクライテリアなどの機器認証などは後者の類型になります。

マネジメントシステムとは、組織が方針および目標を定め、その目標を達成するために組織を適切に指揮・管理するための仕組みです。マネジメントシステム認証では、認定機関により、能力、公平性、安全性などの規格に合っているかの審査・公表を通じて認定を受けた認証機関が、個々の組織を認証します。方針および目標を定めるのは個々の組織ですから、同じマネジメントシステム認証を受けているからといって、対策のレベルが同じとは限らないことには注意が必要です。極端な話、あるリスクが認識されたとしても、社長がそのリスクは受容すると決断したら対策は取らなくてもよいのがマネジメントシステム認証です。もちろんそれが無謀であるならば、認証機関はそれを指摘するわけです。

一方、製品認証システムは、当該製品やサービスが規定の特性を満たしているかどうかを確認するものです。これは様々な類型のものが存在します。身近なところでは、Bluetooth SIGによるBluetooth機器の認証やWi-Fi AllianceによるWi-Fi機器の認証のような民間規格団体による規格実装確認の意味の認証、法律に基づき携帯電話などの無線機器の認証を行う「技適」などがあります。私が理事長をしている米国OpenID FoundationのOpenID Certificationは、前者の類型に当たります。

また、ISO周りでは、ISO/IEC 17000「適合性-用語及び一般原則」の「附属書A（参考）適合性評価の原則」に基づいて製品を認証するプロセスをシステムとして位置付け、評価する製品のサンプリング、製品の特性の試験、試験結果の評価、認証の決定、ライセンスの授与、サーベイランスという一連のプロセスを統合化したものを製品認証システムと呼んでいます。このあたりは、ISO/IEC 17067「適合性評価-製品認証の基礎及び製品認証スキーム」に規定されています。

製品認証システムはマネジメントシステムと異なり、組織が目標を定めるわけではなく、目標は規格によって定められてしまっていますから、横比較が可能になります。

現在の個人情報の保護に関わる認証にはJIS Q 15001によるもの、ISO/IEC 27018によるもの、また、もうじきスタートするものとしてISO/IEC 27701によるものがありますが、いずれもマネジメントシステム認証になっています。これは、それぞれの企業組織の行う業務が様々であることから、製品認証は難しいという現実を表しているので仕方がない面もありますが、一方では、実は同じ認証を受けていたとしても、保護のレベルは様々であるということを表しています。

例えば、個人情報を伝送する際に取るべき安全管理策は細かく規定してあるわけではないので、ひどい場合には、パスワード付きZIPファイルに入れてメールで添付し、直後にやはりメールでパスワードを送るなどということも行われてしまうわけです。ちょっと知識のある方ならば、これは安全管理策としては全く意味がないことがすぐに分かるわけですが、こうしたものがまかり通ってしまうのが現状の一部のマネジメントシステム認証でもあるわけです。

もちろんマネジメントシステムが回っていることを確認するのは重要です。しかし、トラストフレームワークとして考えるとそれは不十分です。

前述した以下の３要件（再掲します）のうちの(2)だけ、あるいは(2)と(3)しか満たさないからです。

(1)　期待される成果を出すための技術の実装
(2)　それの適切な運用ルール設定とその順守
(3)　そうは言っても起きる失敗時の救済手段の整備

個人的には、プライバシーに関わる認証に実質をもたらすには、業務のスコープを切って、それごとに(1)の確認、つまり「製品認証」の側面を組み合わせていくことが必要であると考えています。

9-4 サイバー空間上のトラストを確保するための「アイデンティティー・トラストフレームワーク」

さて、一般的なトラストフレームワークが分かったところで、これをアイデンティティー管理に適用してみましょう。このようなもののことを「アイデンティティー・トラストフレームワーク」と言います。アイデンティティー・トラストフレームワークの目標は、RPがIdPの作成する認証済みアイデンティティーを信用できるようにすることです。

これを実現するために、典型的にはトラストフレームワーク・プロバイダー（TFP）がポリシー策定者の設定したポリシーに従って作成した審査基準に基づいて認定審査員が審査を行います。この審査結果はTFPに通知され、OKであればTFPはIdPと契約を行い、このことを公表します。

RPも同様にして審査を受け、TFPと契約を結び、このことが公表されます。こうすることによりRPは安心してIdPの提供する認証済みアイデンティティーを利用、IdPは安心してRPに認証済みアイデンティティーを提供することができるようになります（**図表9-1**）。

こうしたポリシーには、身元確認のレベル（IAL）、当人認証のレベル（AAL）、そして、認証済みアイデンティティーをIdPからRPへ連携するに当たっての安全性を表すアイデンティティー連携確認レベル（FAL）の評価方法などが入ります。

また、IdPがM個、RPがN個ある場合、個別に契約を行うと、M×N個の契約ができてしまいます。これらを個別に交渉して締結するには莫大な費用がかかり、損益分岐点を押し上げてしまいます。これを避けるために、トラストフレームワークでは、トラストフレームワークプロバイダーを間に挟ん

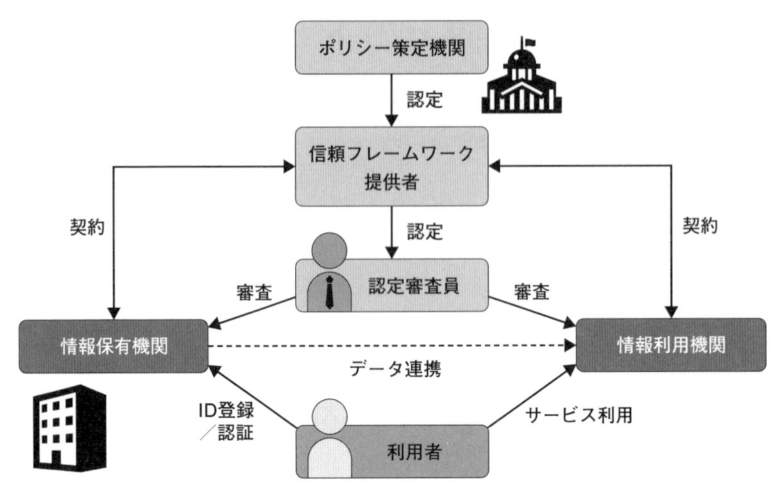

図表 9-1　アイデンティティー・トラストフレームワークの構成
出所：山中進吾『信頼フレームワーク最新動向』（2011）を基に筆者

だ契約にします。これによって契約の数はM+1+N個に減ります。この場合の契約も、契約ごとにバラバラにするのではなく、トラストフレームワークで定めた約款に収斂させることも考えられます。

トラストフレームワークでは、事故が起きた場合の責任分界もあらかじめ定めて置く必要があります。また、紛争が起きたときのために裁判外紛争解決手続きも定めることが良いとされます。

図表9-2は、アイデンティティー・トラストフレームワークの代表例とされる米国ICAMのトラストフレームワークであるKantara Initiative Identity Assurance Frameworkをまとめたものです。

図表 9-2　アイデンティティー・トラストフレームワークの例
出所：筆者

ポリシー策定者	米国国土安全保障省および NIST
ポリシー	NIST SP800-63
TFP	Kantara Initiative（KI）
審査基準	KI Identity Assurance Framework（IAF） および Service Assessment Criteria（SAC）
認定審査員	KI Accredited Assessors
契約	IAF Trademark License Agreement

9-5　個人情報の適切な取り扱いを確保するためのプライバシー・トラストフレームワーク

同様の考え方はプライバシーにも適用できます。パーソナルデータを受け渡したり処理したりする場合に、その取り扱いが適切性を担保することは、データの利活用を進める上で大変重要なことです。これが担保されないと、データは流れず、利用もされなくなります。

この場合もアイデンティティー・トラストフレームワークと同様に、ポリシー策定者が定めた基準を基にTFPが審査基準を策定し、これに基づいて認定審査員が審査をして、その結果を公表するという形を取ります。日本においてはプライバシーマークや情報銀行認定、海外においてはISO/IEC 27701に基づく認証などがこれに当たります。プライバシーマークの場合の構成は**図表9-3**のようになります。一方、情報銀行の場合は**図表9-4**のようになります。ただし、2021年4月段階でのトラストフレームワークとしての情報銀行認定は、ステークホルダー間の個別契約が残ってしまっているため、スケーラビリティーが上がらないことが指摘されていることには注意が必要です。

図表 9-3　プライバシー・トラストフレームワークの例
出所：筆者

ポリシー策定者	JIS Q 15001 策定委員会
ポリシー	JIS Q 15001
TFP	一般財団法人日本情報経済社会推進協会（JIPDEC）
審査基準	プライバシーマーク付与適格性審査基準
認定審査員	プライバシーマーク認定審査員
契約	プライバシーマーク付与契約
公表	JIPDEC プライバシーマーク付与事業者検索サイト

図表 9-4　IT 連盟・情報銀行認定をトラストフレームワークとして評価した場合
出所：筆者

ポリシー策定者	総務省｜情報信託機能の認定スキームの在り方に関する検討会
ポリシー	情報信託機能の認定に係る指針
TFP	一般社団法人日本 IT 団体連盟
審査基準	情報銀行認定ガイドブック
認定審査員	情報銀行認定審査員
契約	認定付与契約およびモデル約款に準拠したステークホルダー間の個別契約
公表	日本 IT 団体連盟　情報銀行推進委員会サイト

おわりに
デジタル存在（Digital Being）の７つの原則

新型コロナウイルスによって多くの人々や組織は十分な準備もなくサイバー大陸への移住を余儀なくされました。突然のことでしたので、そこには統治の原則すらありません。その結果、以前から一部の人々が意識していた問題に、すべての人が直面することになりました。

その問題とは、心無い人々による匿名の誹謗中傷、力あるプラットフォーマーによるアカウント停止（通称、垢バン）による自分の過去の発言や写真などへのアクセスの喪失、自分自身の属性を証明できないことによる受けられるサービスの制限など、様々なものが含まれます。

こうしたことを鑑みると、今のサイバー空間は次に示す「デジタル存在の７つの原則」を満たしている必要があると考えています。

原則１．責任あるデジタル存在（Accountable Digital Being）
原則２．表現力のあるデジタル存在（Expressive Digital Being）
原則３．データの正当な取り扱い（Fair Data Handling）
原則４．忘れられない権利の尊重（Right NOT to be forgotten）
原則５．人間に優しい（Human Friendly）
原則６．普及しやすい（Adoption Friendly）
原則７．誰もが利益を得られる（Everyone benefit）

原則１．責任あるデジタル存在（Accountable Digital Being）

この原則は、「誰もが自らがその行動に責任を問われるデジタル存在（Accountable Digital Being）を確立・再確立可能である」ことを意味します。

皆さんは、街の中心部に飛び出して、いきなりあること・無いことを叫んだり、人の誹謗中傷をしたりしないと思います。これは、その行動に対して、あなたがなぜそうしたかを説明させられ、その結果に対して責任を取らされるからです。つまり、私たちは現実社会では「責任ある存在」であるが故に、ばかげたことを公衆の面前でしないのです。たまにそういう人もいますが、そういう人はニュース番組で取り上げられるくらい珍しいのです。

これに対して、サイバー空間ではどうでしょうか。自分が安全なところにいると思って人のことを誹謗中傷したり、声高に陰謀論を叫んだりしていないでしょうか。もちろん、これを読んでいるあなたは違うでしょう。しかし、そのような人は多くいます。そしてそれによって、リアリティー番組の出演者が追い詰められたりしているのです。

こうした重篤なプライバシーの侵害は防がれなければなりません。そして、そのために責任あるデジタル存在を人々が確立できることは重要です。

これは「常に顕名であれ」というわけではありません。仮名や匿名で行動することは問題ありません。むしろ言論や思想の自由を守るには必要です。ただし、一度事件が起きたときには、適切な権限を与えられた機関（恐らく裁判所の令状とプライバシーコミッショナーの許可などは必要でしょう）は、その匿名の仮面を剥がすことができるようになっている必要があるのです。このような状態を「半匿名（Partially Anonymous）」と言い、暴く機関のことを「Designated Opener」といいます。

こうした機構があることによって、他人を傷つけるような不法行為を実施した人は、その匿名性が解除され、(1) 行ったことに対する説明、(2) それが正当であることの証拠の提出、(3) それが正当でないことが (2) から分かった場合には罰を受けること、つまり「アカウンタビリティー」が求められます※1。そして、このことが周知されることにより、いま自らが加担しようとしている行為（例えば、炎上）が本当に社会的に許されるものであるかどうかを考えるようになるはずなのです。炎上事件などに加担する人は、多くの場合「自分の正義」によって加担しています。いわば「私刑」の実施とそれによる快感を得ているのです。しかし、Wiredの記事※2によると、ユーザーが攻撃的なメッセージを送ろうとしたときに「本当にこの内容を送りますか」とのメッセージを表示したら、対象となったティーンエージャーの93%が投稿を思いとどまったことが分かっています。

※1 アカウンタビリティーの訳を「説明責任」としてしまうと、本文中の（1）しか入らないので、「説明責任」という訳語は不適切だと筆者は考えます

※2 Wired:「誇りがあればヘイトに負けない――10代のネットいじめを止める17歳のCEO」 https://wired.jp/2017/09/20/wrd-idntty-trisha/

一方、このような責任あるデジタル存在が一般的になってきた状況では、それを持つことができないと、社会から排除されることにもなります。ですから、望むならばいつでもそれを確立、そして何らかの事情で一旦離脱したとしても再確立できる必要があるのです。

原則２．表現力のあるデジタル存在（Expressive Digital Being）

この原則は、「自らの性質に関する他者が証明するデータおよび自己が表明するデータを使って、各人が自分のデジタル存在を通じて、自らを表現できる」ことを意味します。

第７章を思い出してください。私たちが幸せになる鍵は、身近な人たちとの良い関係性の維持であると説明しました。そのためには、「自分をこう見てほしい」という自己像（自認）を相手に持ってもらうために各種の属性を相手に投影し、相手がそれらを受けて作成した自己像（他認）とのズレを測り、そのズレが小さくするように追加の属性を相手に投影していくというプロセスが必要でした。

これを実現するには、「どの属性を誰に出していくか」を細かく調整できなければなりません。また、多くの属性値は、本人だけでなく、第三者が認めていることを示せるようになっていることも重要でしょう。

このように、細かい属性を自由に選択的に第三者証明付きで提供できるような「表現力のある」デジタル存在が求められます。

原則3．データの正当な取り扱い（Fair Data Handling）

この原則は、「すべての参加者が、個々人に関するデータの取り扱いに関してプライバシー原則を順守する」ことと、「データの取扱目的は、当該個人に害を与えないようにする」ことを意味します。

個人が自らの幸福を求めていくということは、積極的に選択的にデータを出していくことを意味します。これらを安心して実施するには、出したデータが正当に扱われることがある程度信頼・安心できる状態である必要があります。「あなただけよ」と言って出した情報が知人全体に公表されてしまったらたまりませんし、ある企業にだけ出した情報が漏洩してすべての企業が知ることになってもたまったものではありません。このように不正な公表や漏洩が行われれば、せっかく最小化していた自己像に関する自認と他認のズレが広がってしまいます。

不正な公表や漏洩は不適切な取り扱いの一例であり、それ以外にもたくさんあります。当該個人の予想範囲外の取り扱いや、個人に危害を与えるような取り扱いは、すべて不適切な取り扱いになります。適正な取り扱いと言うには、例えばISO/IEC 29100（JIS X 9250）のようなプライバシーフレームワークに従って、プライバシー原則を順守する必要があります。

当該個人の予想範囲を越えないようにするには、正確に何をしようとしているかを個人に伝達する必要があります。この役割を担うのがプライバシー告知（Privacy Notice）です。この規格には筆者がプロジェクトリーダーを務めたISO/IEC 29184があります（JIS化される予定です）。

個別のシステムとしては、プライバシー影響評価（PIA；Privacy Impact Analysis）の枠組みを使ってリスク評価を実施し、ステークホルダーからの承認を受ける仕組みを回していく方法があります。国際基準ではISO/IEC 29134、JISではJIS X 9251がこれに当たります。PIAには社外のステークホルダーも入りますし、PIA報告書の公表も行われますので、第三者に対する運用の透明性の確保とモニタリングがある程度実現することになります。

こうしたデータの正当な取り扱いが広く行われていくようになるためには、法制面からの圧力のみならず、社会面からの圧力も必要でしょう。そういった意味では、社会を構成する私たち一人ひとりにその責任があるのです。

原則４．忘れられない権利の尊重（Right NOT to be forgotten）

この原則は、「デジタル存在がなかったことにされたり、属性が書き換えられたりしないような技術的対策が採られる」ことを意味します。

「忘れられない権利」とは聞き慣れない言葉だと思います。似た言葉に「忘れられる権利」がありますが、これと表裏一体をなすもので、サイバー空間での基本的人権の一つと筆者は考えます。

「人はいつ死ぬのか」という問いに「忘れ去られたとき」という答えがあるのはよく知られています。サイバー大陸に移住してしまった私たちは、そこからデータを完全削除されてしまったら、存在が消されてしまいます。もちろん自ら望んで消えるというのはありなのですが、そうでない限り、「責任あるデジタル存在」としての存在を残すことができるべきです。そのデジタル存在には、自分に関する様々な属性も当然含まれます。

サイバー大陸での抹殺には、物理的抹殺以外に、社会的抹殺も入ります。これは、その人の属性をその時々の主流から見た社会的に望ましくないものとして書き換えることで行われます。現代日本で言えば、小児性愛者であるとか女性差別主義者という属性を付けてしまい、それらしく広めていけば、社会的に抹殺できるでしょう。そこまで行かなくても、大学の卒業記録を削除して、学歴詐称とするだけでも十分ダメージがあるはずです（日本では考えられないでしょうが、そういうことが可能な国があるだろうことは想定すべきです)。

デジタル存在にはこうした攻撃に対する対抗手段が必要です。それには、自分についての属性を、その属性の発行者の署名付きで保存しておくことができる必要があります。発行者は、署名に使った鍵を後から「そんな鍵はなかった」と言い出すかもしれませんから、それも客観的に見て改ざん不能な形で記録しておく必要があります。

こうしたことを鑑みると、様々な経済活動に使われているブロックチェーンのような仕組み(タイムスタンプ付き、かつ、多くの場所に保存される)で署名者の鍵を保存しておき、後から誰でもその署名鍵が当時は有効であったと確認できるようにすることが必要です。また、オプションとして、いざとなったら自分の属性をそうした場所に書き込んで、攻撃者が消したり書き換えたりできないようにするべきだと思われます。そうしておけば、リアルワールドの物理的実体が削除されても、サイバー大陸上には記憶として残り続けるのです。

原則5. 人間に優しい(Human Friendly)

この原則は、「個人と法人の間の情報の非対称性、個人の限定合理性、社会的弱者に配慮した系とする」ことを意味します。情報システムを考えるとき、それを使う「人」のことは真っ先に考えなければなりませんが、実際は管理する人や機械の都合が優先されがちです。その結果、「使いにくい」システムや「人をだます」システムが提供されてしまうのです。

人間に優しくするには、「個人」について想定しておくべきことがいくつかあります。筆者が常日頃考えているのは、(1) 個人と法人の間の情報の非対称性、(2) 個人の限定合理性、(3) 大勢から外れた社会的弱者の存在の3つです。

(1) 個人と法人の間の情報の非対称性というのは、個人よりも法人の方が大体において使えるリソースが多く、情報量も多いことを指します。情報経済社会では、情報量が多い方が取引上優位に立ちます。結果、純粋な市場経済では、最適な均衡に到達しません。そのため、個人の側を支援し、情報の非対称性を緩和する施策が必要になります。第三者による評価とその公表などはそうした取り組みの一つです。

(2) 個人の限定合理性とは、人間はその認識能力の限界によって、どんなに合理的に活動しようとしても、その合理性には限界があることを指しています。例えば、合理的個人であるならば、ある主体と契約関係になる際、その契約書を読み込んで理解し、かつその周りの法令や状況も理解した上で行動するでしょうが、ほとんどの人はそうではありません。というか、そんなことは無理です。ほとんどの人は契約書の文言を読んでも理解できないでしょうし、能力があっても、１年間に提示されるプライバシーポリシーだけを読むことにしても１カ月かかるといわれる状況では時間的に無理です。サイバー大陸での社会の運用は、このことを認めた上でなされるべきです。

本原則に従えば、個人にサービスを提供する場合、利用規約やプライバシー告知の内容は、できるだけ常識で想像するものと変わらないようにします。もし常識で想像できるものと差があるなら、その差分の重要事項のみを抜き出してその個人に提示し、全文は後から参照できるようにするべきです。これはGDPRも求めています。

(3) 大勢から外れた社会的弱者の存在とは、非主流の人たちも取り残さない、そういう系であるべきだということです。マジョリティーの側に立つ人々は、自分たちの常識が正義である、ないしは自分たちが使いやすいものがあれば十分であると誤解しがちです。しかし、多くの場合これはマイノリティーに対する横暴になります。

マイノリティーは身体的特徴や能力に基づくマイノリティーもあれば、思想信条や文化的背景の意味でのマイノリティーもあります。こうした人々のニーズを多数派はいとも簡単に無関心から、時には「正義」を振りかざして無視します。サイバー大陸の新しいルールは、そうしたことを許容してはなりません。そして、マイノリティーにも優しくすれば、認知的にもユーザー体験的にも、マジョリティーにもきっと優しいものが出来上がるのです。

原則6．普及しやすい（Adoption Friendly）

この原則は、「技術はオープンで、できるだけ既存インフラを活用し、相互接続を確保するために継続的にテストが実施されている」ことを意味します。新しい技術が登場してくるとき、ゼロベースで全く新規のものが既存のものを一気に塗り替えるということはめったにありません。通常は、既存のインフラを生かしながら、その上に作られていくものです。そのように考えたとき、既存の技術との親和性・接続性を考えることは、新技術にとって重要です。

また、オープンな技術はクローズドな技術よりもはるかに普及しやすいです。それは、策定プロセスがオープンであれば、より広範囲のステークホルダーからの要求が寄せられやすく、結果的に適用範囲も広くなるのと、技術者への浸透がより容易だからです。

加えて、相互接続性の確保のためには、仕様への準拠性を確認するための共通テスト基盤が必要です。このことは、英国のオープンバンキングの事例からも見て取ることができます。規格書は英語などの日常言語で書いていますが、日常言語はプログラム言語と違い、ある程度の解釈の揺らぎを許してしまうのです。その結果、同じ英語の規格書を読んで作ってもつながらないということが往々にあるのです。英国のオープンバンキングの事例では、当初は一つの銀行と接続するのに何週間もかかることが散見されたといいます。これを解決したのは、準拠性テストスイート※で、これを通すようになり、接続にかかる時間が15分程度まで減ったといわれています。

※後にOpenID Foundationにセキュリティー部分は寄付され、強化され、FAPI Self-certification testとなりました。これは、オーストラリア、ブラジルなどで使われています

初期接続性だけではありません。システムは様々な要因で更新されます。この時にも、互換性が損なわれないかどうかの確認が必要です。準拠性テストスイートがあり、継続的開発にこれが使われていれば、互換性が失われる恐れはかなり削減できます。

原則７．誰もが利益を得られる（Everyone benefit）

この原則は、「個人は当然、企業も政府もこの系から利益を得ることができる」（そうでなければ、その系は実装されず、系として立ち行かないため）ことを意味します。「誰もが利益を得られる」はあまり語られることがありませんが、とても重要な原則です。一部の人の犠牲の下に成り立つ環境変化は実施が困難ですし、実施したとしても長続きしません。

プライバシー優先を考えると、ともすると個人の権利の強化にばかり目が行きますし、逆に企業目線での効率性を考えると、個人の権利など邪魔者にしか見えないかもしれません。しかし、バランスを失する施策を取ろうとすると、強烈な反対にあって結局身動きできず、現状維持ないしはジリ貧に陥りがちです。また、多数派の横暴によって少数派を蹂躙し、多数派が利益を貪ることも倫理的に許されることではありません。

経済学にはパレート改善という考え方があります。誰も現状より悪くならず、誰かは現状より良くなるような変化のことです。幸いなことにデータ利用というのはゼロサムゲームではありません。データは利用しても消費・消滅しませんし、気を付けて使えば、利用する企業も利用を許す個人も、共にメリットを享受することが可能です。多くの場合、パレート改善も可能なのです。

少し数字は古いですが、2016年の欧州委員会の報告書※によると、データの利活用が進むことによって、2025年にはEU27カ国のGDPの5.4%を占めるようになるとされています。この果実を受け取るには、個人は当然、企業も政府もこの系から利益を得ることができるように形作っていかなければなりません。そうでなければ、その系は実装されず、系として立ち行かないためです。

※ 欧州委員会『First Report on Facts and Figures Updating the European Data Market Study Monitoring Tool』(2016) <https://datalandscape.eu/sites/default/files/report/EDM_D2.1_1stReport-FactsFigures_revised_21.03.2018.pdf>(2021年4月20日取得)

本書をお読みになった皆さん一人ひとりの力で、こうした方向に向けて社会を動かしていってくださることを祈念してやみません。

著者プロフィール

崎村 夏彦（さきむら　なつひこ）

NATコンサルティング代表、東京デジタルアイディアーズ主席研究員。米国OpenID Foundation理事長を2011年より、MyData Japan理事長を2019年より務める。Digital Identityおよびプライバシー関連技術の国際標準化を専門としており、現在世界で30億人以上に使われている、JWT、JWS、OAuth PKCE、OpenID Connect、FAPI、ISO／IEC 29100 Amd.1、ISO／IEC 29184など国際規格の著者・編者。ISO/IEC JTC 1/SC 27/WG 5 アイデンティティー管理とプライバシー技術国内小委員会主査。ISO／PC317 消費者保護：消費者向け製品におけるプライバシー・バイ・デザイン国内委員会委員長。OECDインターネット技術諮問委員会委員。総務省「プラットフォームサービスに関する研究会」をはじめとして、多数の政府関連検討会にも参画。

デジタルアイデンティティー
経営者が知らないサイバービジネスの核心

2021年7月20日　第1版第1刷発行
2021年8月23日　　　第2刷発行

著　　者	崎村 夏彦
発 行 者	吉田 琢也
発　　行	日経BP
発　　売	日経BPマーケティング
	〒105-8308　東京都港区虎ノ門4-3-12
装　　丁	bookwall
制　　作	マップス
編　　集	松山 貴之
印刷・製本	図書印刷

ISBN978-4-296-10990-6

本書籍に関するお問い合わせ、ご連絡は下記にて承ります。
https://nkbp.jp/booksQA